BERILO TORRES

BERILO TORRES

O ÚLTIMO REFÉM BRASILEIRO DE SADDAM HUSSEIN

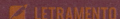

Copyright © 2021 by Editora Letramento

Diretor Editorial | Gustavo Abreu
Diretor Administrativo | Júnior Gaudereto
Diretor Financeiro | Cláudio Macedo
Logística | Vinícius Santiago
Comunicação e Marketing | Giulia Staar
Assistente de Marketing | Carol Pires
Assistente Editorial | Matteos Moreno e Sarah Júlia Guerra
Designer Editorial | Gustavo Zeferino e Luís Otávio Ferreira
Revisão | Daniel Aurélio – Barn Editorial
Fotos | Arquivo pessoal e, no caso de reportagens, crédito ao veículo

Todos os direitos reservados. Não é permitida a reprodução desta obra sem aprovação do Grupo Editorial Letramento.

M984b   Murta, Eduardo
    Berilo Torres – o último refém brasileiro de Saddam Hussein / Eduardo Murta. - Belo Horizonte, MG : Letramento, 2021.
        176 p. ; 15,5cm x 22,5cm.
        ISBN: 978-65-5932-139-1
    1. Biografia. 2. Iraque. 3. Mendes Júnior. 4. Bambuí. 5. Belo Horizonte. 6. Eengenheiro. 7. BeriloTorres. I. Título.
                CDD 920
2021-4379   CDU 929

Elaborado por Vagner Rodolfo da Silva - CRB-8/9410
Índice para catálogo sistemático:
1. Biografia 920
2. Biografia 929

Rua Magnólia, 1086 | Bairro Caiçara
Belo Horizonte, Minas Gerais | CEP 30770-020
Telefone 31 3327-5771

editoraletramento.com.br   •   contato@editoraletramento.com.br   •   editoracasadodireito.com

A saga do engenheiro mineiro que comandou obras gigantescas da Mendes Júnior no Iraque

POR EDUARDO MURTA

Ah! A dedicatória,

Quantos são os merecedores da dedicatória deste livro?

Familiares, parentes, amigos de infância, amigos da juventude, amigos profissionais, colegas de escola, colegas de faculdade, colegas de trabalho, colegas de CPOR? Quantos?

Porém, há uma peculiaridade: este livro nunca teria sido escrito não fosse a existência na minha vida da minha querida esposa, Dulce Campolina. Mulher especial, notável. Singular em todos os sentidos da palavra, que amarei pelo resto de meus dias e que me deu o privilégio de ser amado por ela. Desde o primeiro dia em que lhe mostrei os rabiscos iniciais, ela me encheu de entusiasmo e coragem para escrevê-lo. Como suas ideias e dicas me ajudaram!

Em meados de 2020, num mundo forçosamente desacelerado pela pandemia da Covid-19, terminei com os últimos detalhes e decidi que o concluiria e o publicaria. A decisão estava tomada, mas a guardava para que fosse uma surpresa a ela quando tudo estivesse pronto.

No entanto, em 19 de outubro de 2020, Dulce foi diagnosticada com leucemia e internada em Belo Horizonte. Teve início sua agonia e meu desespero. Tempos difíceis, mas, no fundo, acreditava que tudo passaria e que eu poderia ter ainda a grata felicidade de surpreendê-la, mostrar o livro concluído assim que voltasse para casa.

Ledo engano. Aos 8 dias do mês de dezembro de 2020, Deus a levou. Para minha dor, ela se foi. E dos tantos silêncios, ficou guardado comigo o orgulho por este livro que ela me incentivou a levar à frente.

Em meio à dor e ao sofrimento, em honra a ela, nasceu a ideia de publicá-lo ao completar-se um ano de sua morte. Deu-se início então à minha luta para cumprir essa promessa e aí está, consegui.

Minha dedicatória, mais que merecedora, é feita então a esta mulher, a este espírito que com certeza está feliz e vibrando esteja onde estiver.

Para você, minha Du.

Profissionalismo e competência. Assim gostaria de deixar meu reconhecimento pelo trabalho do jornalista Eduardo Murta. Impressionante sua capacidade de entender a história, de penetrar em cada fresta do que descrevi. Foram encontros e conversas em meio ao calvário que estava vivendo com a enfermidade da minha esposa. Entre o hospital e entrevistas, fazia seu trabalho e, nesses momentos, demonstrava também compreensão e amizade que me ajudaram muito a suportar a dor da perda e a decisão de publicar este livro.

Muito obrigado, Eduardo.

10	PREFÁCIO
13	DO SOL QUE ME ILUMINA
14	BEM-VINDO, ENGENHEIRO
17	ME ESPERE, BAGDÁ
18	EM DOLOROSO ESTADO DE GUERRA
19	TUDO PELA PÁTRIA
21	A MENDES PISCOU PRA MIM
22	NAS CORDAS DO MEU VIOLÃO
23	PRA ONDE EU VOU?
24	EU EM CAMPO
27	ENFIM, O TRABALHO
31	EU NO MODO CORUJÃO
34	AH, SAUDADE DO BRASIL
35	UAAAUUU, AS VELHAS FITAS CASSETE!
37	BAMBUÍ ME DEU O TOM
41	A NOVA BABEL
45	COMO UM PURGATÓRIO
46	ENGENHARIA NAS VEIAS
48	QUANDO A MORTE VIRA DETALHE
50	BANHANDO OS PÉS NA VELHA MESOPOTÂMIA
52	ÁGUA DE FAZER MEDO
53	A AREIA SUBIU AOS CÉUS
54	AH, PÁSSARO LADRÃO...
56	NA ESTEIRA DO RAIO-X, UM HOMEM
58	APRENDER COM O OUTRO, UMA SENHORA LIÇÃO
60	UM MÍSSIL SOBRE NOSSAS CABEÇAS
62	COMER OU NÃO COMER? EIS A QUESTÃO
63	MAS AQUELA COMIDINHA CASEIRA...
63	VAI UM CACHORRO AÍ?
65	AH, CUIDADO COM OS COSTUMES!
66	EU SOU A BOA HERANÇA DOS MEUS
71	DEGRAU POR DEGRAU NO IRAQUE
72	EU CERCO, TU CERCAS, ELE CERCA
74	PONDO O TREM NOS TRILHOS
76	EU NA LINHA DE TIRO
78	E EU FUI PARAR NA PRISÃO. CALMA....
80	AQUELA CERVEJA DEU DOR DE CABEÇA
82	DESSA VEZ, A BEBIDA DEU EM MORTE
84	POR UM TRIZ, ESCAPEI DA MORTE
86	EU, TENENTE TORRES

90	ATACARRRRRRRRRRRRRRRRR!!!!!
92	ACELERA ESSA MOTO PRA LONGE, MENINO
94	POR ACIDENTE, NUM BUNKER DE SADDAM
95	A PÁTRIA DE CHUTEIRAS FOI COMIGO
97	ERA SÓ CORRER PRO ABRAÇO
99	COMO UM RASTILHO DE PÓLVORA
102	O IRAQUE ERA UMA GRANADA SEM PINO
105	VIRAMOS ESCUDOS HUMANOS
106	VINDE A NÓS, BRASILEIROS
110	SOBRAVA MEDO. E SE FALTASSE COMIDA?
112	E SE CONFISCASSEM NOSSOS ALIMENTOS?
115	AJUDA AÍ, TURMA DA IMPRENSA
124	AGORA É DOMAR OS SINAIS DE MOTIM
125	UFA! AS PRIMEIRAS LIBERTAÇÕES
129	A REVOLTA TERMINOU EM FOGO
133	E QUERIAM ME SEQUESTRAR!
133	E VIREI "REFÉM" DOS JORNALISTAS
138	NO LIMITE, A DECISÃO ERA FUGIR
144	PARA PIORAR, CACHORROS SELVAGENS
145	BOA VIAGEM, MULHERES E CRIANÇAS
147	ESQUECERAM DE MIM
149	AH, SE ACHAM OS ESTRANGEIROS CONOSCO...
151	CONDENADO A FICAR ATÉ O FIM
153	A SAIA-JUSTA DO EMBAIXADOR
154	A CHANTAGEM INFERNIZOU NOSSA LIBERTAÇÃO
158	ALELUIA! LÁ SE VAI O ÚLTIMO GRUPO
159	RESTAMOS NÓS. E NOSSOS FANTASMAS
160	ENTREGUEI A DEUS. E ELE ME OUVIU
161	O SENTIMENTO ERA DE TOTAL ESCURIDÃO
163	O BRASIL TE ESPERA, BERILO!
164	COMO UMA TROCA DE REFÉNS
166	RUMO À SAÍDA, MAS EM CALAFRIOS
170	"MÃE, EU ESCAPEI!"
172	COMO O SOL, EU ME REERGUI

PREFÁCIO

Noventa e sete dias de cativeiro. Depois de sete anos vivendo num Iraque conflagrado, o engenheiro mineiro Berilo Torres enfrentaria suas horas mais dramáticas no país então comandado com mão de ferro por Saddam Hussein. Passado o assombro do sangrento conflito com o Irã, a invasão do vizinho Kuwait resultaria em dura resposta de uma coalizão internacional. Em meio à pressão mundial que logo se tornaria estopim para maciços bombardeios, Torres e algumas centenas de brasileiros, além de estrangeiros, se transformariam em escudos humanos, retidos pelo regime iraquiano. A tensão palpitante dessa história está neste *O último refém brasileiro de Saddam Hussein*, um documento rico e revelador.

No livro-depoimento organizado pelo escritor e jornalista Eduardo Murta, Torres narra as delicadas e tensas negociações com um governo inflexível. E de como esse impasse representou o risco de que jamais retornasse ao Brasil. Mais do que isso: de que entrasse para as frias estatísticas dos mortos. Ele desembarcara por lá em 1982 e fora ascendendo profissionalmente, mais adiante assumindo a superintendência de obras gigantescas da construtora Mendes Júnior, como as conclusões de uma ferrovia e uma rodovia.

Vivenciou de tudo um pouco – das tempestades de areia ao choque cultural, dos vastos canteiros de trabalhadores de várias nacionalidades ao impacto dos comboios militares com os temíveis mísseis Scud. Viu de perto a morte e a banalização da dor. Em seus meses finais de Iraque, porém, lidou com desafios multifacetados: a própria condição de refém e a missão de zelar por mais de 400 brasileiros que haviam aportado emergencialmente no acampamento da Mendes Júnior sob sua responsabilidade. Era, sob todos os aspectos, como se fosse forçado a desarmar uma bomba-relógio em qualquer direção que se movesse.

Esses momentos capitais ganham caráter de thriller neste livro. Ante às negativas do regime iraquiano em libertar homens, mulheres e crianças confinados, brota o inimigo interno. Rebelião, sabotagens, incêndio e ameaça de sequestro forçavam a empresa e a diplomacia do Itamaraty a buscar uma solução a qualquer custo. Mais grave, o temor de que a fome se abatesse sobre o grupo em razão dos embargos comerciais e do fechamento das fronteiras.

A cartada de desespero seria um arriscado plano de fuga pela Jordânia, detalhadamente elaborado, treinado, mas abortado. Mais do que um relato visceral sob a ótica de um engenheiro mineiro na contagem regressiva para a Guerra do Golfo, deflagrada no início de 1990, este livro é também um manifesto em torno da natureza humana. Sobre quais, afinal, são nossos limites, nossa resistência. Para além disso, sobre como incensar, sob o fogo cruzado de todas as provações, o essencial sopro de esperança.

DO SOL QUE ME ILUMINA

Ver o sol se pôr na imensidão do deserto do Iraque era quase como uma metáfora. Havia a certeza de que aquele espetáculo unia fim e recomeço. E que no dia seguinte se reergueria e cumpriria de novo seu ciclo. Mas naquela tarde, em lugar da sensação de estar diante do belo e do inspirador, o que me invadia era quase um sentimento de entrega. O silêncio era perturbador. Só o vento entrecortando. E havia uma tremenda, tremenda incerteza. Com um imenso aperto no coração, eu pensava em minha família. "Não vou mais sair daqui".

Depois de alguns anos em terras iraquianas, era como se eu já houvesse introjetado nos moldes de rotina incontornável o clima sombrio de guerra. E, por consequência, tudo o que ele implicava: insegurança, pavor, compaixão e, ainda que soasse contraditório, o estado de aparente normalidade em meio às pequenas e grandes tragédias daquele povo. Dessa vez, porém, o temor de que algo de muito grave se abatesse sobre nós era a cada instante mais angustiante. Na iminência de um ataque sem precedentes ao país por forças de coalizão internacional, eu era naquele 1990 um dos últimos reféns brasileiros em poder de Saddam Hussein, o ditador que governou o Iraque por mais de duas décadas.

Sim, refém!

Poucas semanas antes, Saddam ordenara a invasão e anexação do vizinho Kuwait, desencadeando uma vigorosa reação mundial. Acuado, transformou estrangeiros em escudos humanos. E eu era um deles. Embora numa escala que não pudesse ser comparada à de determinadas nacionalidades europeias ou aos norte-americanos, me via amargamente na linha de fogo. Como um dos raros funcionários da construtora Mendes Júnior que seguiam mantidos ali por imposição das autoridades iraquianas, entre nós sobravam esgotamento, desesperança e medo. Medo da morte.

Eu colocara os pés em solo iraquiano pela primeira vez no verão de 1982, embalado por sonhos juvenis de engenheiro. E pensava na rica trajetória vivida num tempo relativamente curto. Das obras emblemáticas nos setores rodoviário e ferroviário, do desafio de participar de projetos grandiosos, de comandar parte deles e de conhecer pessoas tão especiais. Acima de tudo, agora refletia sobre como aquele acervo de realização profissional corria o risco de perder significado e de se transformar num drama pessoal.

Naquele fim de tarde no deserto, eu era confrontado pela hipótese devastadora de jamais retornar ao Brasil. De jamais rever minha família, meus amigos, minha terra. Pensei muito nos meus. Pensei. Pedi. Rezei. Meses de tensão extrema, de responsabilidade por zelar diretamente por mais de quatrocentos reféns brasileiros no Iraque tinham feito de mim em muitos momentos uma rocha. Agora, contudo, a sensação era de que eu me convertera numa espécie de fiapo humano. De que, momentaneamente, escapara do olhar misericordioso do bom Deus. Algo em mim sugeria que o fim se aproximava, mas uma outra parte sussurrava que era preciso continuar resistindo. Eu continuei. E resisti.

BEM-VINDO, ENGENHEIRO

Assim que a porta do Boeing 707 da Iraqi Airways se abriu, a lufada de calor não deixava dúvidas. Bem-vindo ao Iraque. Julho, verão inclemente por lá. Ainda era madrugada quando aterrissamos no velho aeroporto da capital, Bagdá. Eu era um dos tantos funcionários da construtora mineira Mendes Júnior, empresa com vasto know-how internacional, que desde 1979 realizava obras de grande porte naquele país, onde chegou a ter quase 20 mil empregados – 5 mil deles brasileiros. Voava ali comigo o que parecia ser o desejo coletivo dos brasileiros que, semana a semana, desembarcavam por lá: o sonho de realização profissional, a chance de fazer uma merecida poupança, o orgulho de trabalhar por uma companhia com reconhecimento mundo afora.

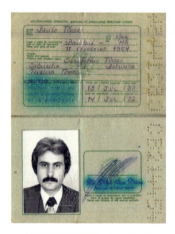

O COMEÇO DE TUDO: NO PASSAPORTE, O SINAL VERDE PARA FAZER A PONTE ENTRE O BRASIL E O IRAQUE

Mas pensem num estado absoluto de tensão. Daqueles que viram a gente pelo avesso. Foi assim que parti do Brasil. Entre a esperança de que era a melhor das escolhas e a incerteza diante do desconhecido. Tudo nessa experiência era novo para mim. De qualquer forma, havia convicção pela opção feita. E desde o primeiro momento me preparei para seguir com os olhos voltados para o horizonte, sem me condoer pelo que deixava para trás.

Quem dera a gente pudesse controlar as emoções. No dia em que saí de Belo Horizonte, um casal querido me levou ao aeroporto de Confins, município vizinho à capital mineira. Meu primo Caio e sua mulher, Olguinha, até tentavam me fazer relaxar. Mas como foi difícil aquele momento! Lembro que fiquei tão tenso com a expectativa do que poderia vir, tão apreensivo, que o organismo não demorou a responder: dor de cabeça, mal-estar. O estômago na boca. Eu nunca fui bem do estômago. Era início da tarde. Cheguei ao Rio umas 3 horas, só lá consegui comer alguma coisinha. O embarque seria no meio da noite, ali pelas 9, 10 horas.

"Ah, no Rio você vai relaxar", haviam me dito. Doce esperança. Foi pior, muito pior. Não tinha volta. Aos 26 anos, num traço de personalidade que oscilava entre a sensibilidade e a preocupação para além da conta, eu haveria de pagar caro por isso. Era como se ali, no aeroporto do Galeão, numa rima de desassossego, eu pudesse ouvir o compasso do meu coração. Nascido em Bambuí, uma tranquila cidadezinha do sudoeste mineiro (em 2020, não chegava a 25 mil habitantes, segundo o IBGE), a 270 quilômetros de Belo Horizonte, eu nem mesmo já tinha viajado ao exterior.

Havia ao menos o consolo de que uma espécie de faz-tudo da Mendes, o Paulinho, organizava o grupo. Ele preparava o check-in, preenchia os formulários de saída, controlava o tempo, indicava caminhos. Éramos muitos. Dos que viajariam naquele voo regular, feito duas vezes por semana, a imensa maioria, talvez uns 95%, era formada por funcionários da construtora. A gente embarcava com algumas prerrogativas. Entrávamos diretamente na aeronave, sem mesmo passar pelo controle da Polícia Federal.

Enfim, na minha poltrona!

Tranquilo agora? A ansiedade não permitia. Minha cabeça doía, vomitei várias vezes e sentia o peito apertar. Sem vergonha de confessar: eu chorava como uma criança amedrontada. Naquele voo para Bagdá minha vida passava como um filme. Pensava na decisão de ir trabalhar no Iraque naquele momento. Seis meses de formado em engenharia, no auge da juventude, usufruindo das coisas boas da vida. Mas jamais houve recompensa sem suor.

Descobriria, mais tarde, que a turma chamava o Boeing de "Pepinão". Um 707 comprido. Verde, com as cores do Iraque. E aqueles minutos iniciais, o ajuste das bagagens de mão, a comunicação da cabine com a torre, a decolagem, tudo parecia uma eternidade. Do Rio fomos para Lisboa, numa escala técnica. De Lisboa, finalmente para Bagdá. Um calor tremendo e desconforto enorme nos acompanhariam por quase dezoito horas de viagem completa.

No começo, todo mundo apreensivo, calado, quietinho. Praticamente um não conversava com o outro. Eu mesmo debutava em viagens para fora do Brasil, o que era o caso de quase todos os contratados, a maioria formada por uma mão de obra menos qualificada, como ajudante, servente de pedreiro, feitor. Havia tanto a carência desse perfil de trabalhador por lá como o reconhecimento de que o peão brasileiro tinha alta capacidade de assimilação.

Assim que decolamos, o cartão de visitas da companhia aérea foi... decepcionante. Eles nos serviram uma comida horrível. Um arroz com frango ao estilo iraquiano que a turma comia com cara de poucos amigos. Depois disso, uma parte dormiu. Eu fiquei com olhos de coruja no breu. Comecei a me sentir indisposto. Suando frio. Ânsia de vômito. Fui ao banheiro, passei mal. Me lembro que eu estava numa cadeira do meio. Na volta, me encolhi no assento, permaneci quietinho, rezando para ficar bem.

Mal sabia eu que a história do voo seria uma loucura. A confusão não demoraria. Já tinham me avisado que o atendimento de aeromoças e comissários era muito ruim. Após servirem o jantar, sumiram. Daí começou aquela parte da fuzarca típica do peão brasileiro. Principalmente depois que a gente saiu de Lisboa. Logo apareceu um baralho. Truco!! Não sei de onde, surgiu bebida. Cachaça. Aí virou farra. Gritaria, muitos de pé. Se eu tinha dificuldade para dormir, ali ficava pior. Nessa balbúrdia, as aeromoças reapareceram, agora pedindo para os marmanjos se sentarem, fazer silêncio. E a turma gritando "Truco! Truco!". Alguns passando mal.

Esse ambiente, em vez de me fazer relaxar, me assustou mais ainda. Uma bagunça infernal. Os banheiros imundos. E eu imóvel na minha cadeira, derrubado, quase não me mexia.

ME ESPERE, BAGDÁ

O sinal de que estávamos perto de chegar a Bagdá, com o início dos procedimentos para pousar, era apenas uma meia razão para que pudéssemos relaxar ao menos um pouco. Digo meia porque a guerra com o Irã seguia em marcha. Voos, por exemplo, só aterrissavam por lá à noite. O nosso tocou as rodas no solo entre 1 e 2 da manhã. Agora, todo mundo quietinho, calado, uma tensão no ar.

Pelo treinamento da Mendes Júnior, a gente já tinha todas as informações de como funcionava o ritual de entrada. Era rígido, cansativo e com nível de estresse altíssimo. Descemos pela escada portátil (não havia finger) e logo à frente já começava o protocolo. Eles tiraram todas as malas, colocando uma do lado da outra. Por padrão de segurança, você tinha de identificar a sua e ficar de frente para ela. Você mesmo pegava, punha no carrinho e seguia para a alfândega.

Todo mundo era do Exército ali. Com fuzil, pistola. Posição de vigilância. Uma fila gigantesca. Os agentes abriam mala por mala e remexiam tudo. Se encontravam coisas como revista pornográfica, proibida, faziam um alarde danado. Falando em árabe, jogavam ao chão e empurravam para debaixo do balcão. Eles desarrumavam tudo, esparramavam ao redor, e o passageiro era obrigado a repor. Isso se deu comigo e com todos os outros. Com duas, três equipes de inspeção, a jornada seria longa.

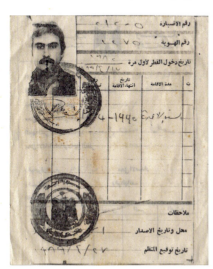 

MINHA 'IDENTIDADE IRAQUIANA': IMPRESCINDÍVEL PARA CIRCULAR PELO PAÍS E TAMBÉM PODER DIRIGIR POR LÁ

Berilo Torres — o último refém brasileiro de Saddam Hussein 17

Além de bagagens, tinham olho clínico também para a questão de símbolos religiosos, como a Estrela de David, de origem judaica. Se alguém portava, eles arrancavam de maneira brusca e ainda davam um esculacho. Pessoas de sobrenome judeu eram mais visadas, tinham uma conferência mais criteriosa. De um modo geral, a triagem era muito bruta. Como se fizessem por mera intimidação.

Concluída a inspeção, fomos nos juntando num canto do aeroporto. Ficamos até umas 4 horas da madrugada nesse ritual. Superada aquela barreira, só ali veio o alívio. Uma equipe da Mendes já nos aguardava. Tudo bem organizado, com ônibus em que a própria bagagem era separada por obra e local em que ficaria o funcionário. Nesse momento, eu já sabia que iria para o acampamento central, no chamado Km 215.

Em lugar de curiosidade pelas primeiras impressões sobre a cidade, eu só pensava em como precisava descansar. Esgotado. Tínhamos cruzado quase toda a Bagdá. Mais pela periferia. Minha sensação inicial foi de decepção. Pelo trajeto não havia edifícios. Somente casas. A iluminação com aquelas lâmpadas fluorescentes na porta das residências. Sem gente nas ruas, até pelo horário. Tudo rústico, com predomínio de uma pedra meio rosada. Mas eu não estava ali pela beleza de Bagdá.

EM DOLOROSO ESTADO DE GUERRA

Naquele tempo, falar em Iraque sem pensar em guerra era algo simplesmente impossível. E os sinais, num clima sempre pesado, estavam por toda parte. Em maior ou menor evidência, mas presentes. Quando cheguei naquele 1982, o país travava um conflito sangrento com o vizinho Irã, iniciado dois anos antes. Trabalhando pelos trechos, andando pelas estradas, a gente via muito movimento de tropas. Carretas transportando tanques, canhões antiaéreos, caminhões cheios de homens fardados circulando.

No fundo, a tensão era dobrada quando tínhamos de sair. Havia muitas barreiras. Ordenavam a parada, pediam documentação, abriam o porta-luvas, especialmente para checar se tínhamos câmera fotográfica. Era item que fatalmente terminaria em prisão. Mas tudo numa revista muito displicente. Alguns desses militares de chinelo, outros com o fuzil completamente solto, pendurado. Não pareciam soldados.

Fato é que, especialmente quando íamos a Bagdá, o sentimento de insegurança era maior. A cidade já havia sofrido vários bombardeios, atingida por mísseis. O receio era tremendo. E tinha motivo. Numa de minhas idas, caiu um muito próximo do escritório da construtora, que ficava no elegante Bairro Al Mansur. Estar em Bagdá era exercício de intensa apreensão.

Como as guerras são sinônimo de morte, era muito comum vermos símbolos impactantes. Famílias colocavam o caixão sobre o carro e ali se seguia uma caravana em reverência ao morto.

E quem imaginaria que um carro brasileiro se transformaria em um dos ícones dessa tragédia a milhares de quilômetros de distância? Pois virou. Para cada família do soldado que morria na guerra o governo iraquiano dava um VW Passat quatro portas fabricado no Brasil. Detalhe: todos esses veículos estranhamente tinham a cor laranja. Era como se berrassem a fatalidade por onde quer que fossem. E, mais estranho ainda, boa parte das famílias que ganhava não tinha nem quem soubesse dirigir. Representantes da Volks nos contavam que chegavam a receber gente que tinha procurado a assistência técnica reclamando que o veículo não dispunha de ré. Outro, com problema no motor, confessou que só andava de primeira e segunda marchas. Na época, era um carro muito veloz. E a gente via muito Passat virado nas rodovias, que não tinham limite de velocidade

TUDO PELA PÁTRIA

O princípio protocolar recomendava: não converse sobre a guerra com os iraquianos. Mas com as relações de trabalho derivando para um estreitamento mais pessoal, eu eventualmente arriscava. Claro, com todos os cuidados. Cheio de dedos, comentava com alguns que eram mais próximos, como o Sabah, engenheiro que atuava na área de fiscalização ligada a obras de concreto.

No dia a dia, o culto à imagem de Saddam Hussein era sufocante. Na televisão local, praticamente todo o tempo era dedicado à propaganda de louvação oficial, acompanhada de hinos de idolatria. Numa ocasião, fomos jogar futebol no escritório da área dos fiscais, formada majoritariamente por iraquianos. Enquanto esperávamos o pessoal numa sala de entretenimento, a tônica se repetia na tela: músicas exaltando o partido Baath e Saddam. E exibiam corpos dos mortos, obviamente afirmando que eram iranianos, e dá-lhe discurso de vitória.

Uma das figuras que compunham o grupo desses controladores se chamava Sahula. Ela era muito moderna para os padrões locais. Tinha estudado em Londres, como boa parte dos que dispunham de melhor formação. Muito simpática, agradável. Não lembrava uma iraquiana tradicional. Usava calça jeans, o que não era comum. Quando eu vinha ao Brasil, ela pedia que eu levasse calças, como levei algumas vezes. Ao me acompanhar para liberar as frentes de trabalho da estação de Haquilanya, entre os km 235 e o 280, era menos ortodoxa no trato que o restante dos fiscais de concreto. Um dia, passei para buscá-la rumo a uma inspeção. O Sabah, porém, se antecipou: "Vou com você hoje, porque a Sahula não vai poder ir". Eu, por delicadeza: "Algum problema?". Ele foi lacônico: "Depois eu te falo". Insisti: "Mas alguma coisa que eu possa ajudar?". Sabah fez cara de desalento: "Não. É que o noivo dela, que era piloto, morreu na guerra".

No dia seguinte, ao voltar à fiscalização, ela estava por lá. Falou que se encontrava pronta para ir para o trecho. Assim que entrou no carro, expressei meus sentimentos: "Queria dar as condolências pela morte do seu noivo". Ela respondeu a seu modo, estranho para mim: "Eu não perdi o meu noivo. Ele morreu por uma causa nobre, morreu por Saddam". Mesmo abatida, não chorava. Levei um choque, porque esperava uma outra reação. Não mencionei mais nada sobre o assunto.

Fato é que todos os homens tinham a obrigação de servir ao Exército. Havia um dos fiscais, o Jamef, igualmente envolvido num desfecho trágico. Um camarada bem tranquilo, altão, de bigode. Eu nem sabia que ele tinha ido para a guerra. O pessoal do escritório um dia comentou: "O Jamef morreu na guerra". Eu surpreso: "Mas como?". Nem precisaram explicar. Só mencionaram: "Ele era desativador de mina". Mais um abalo. Mas eles encaravam aquilo não com tristeza. Em geral, não emitiam opinião além da protocolar nem exibiam algum tipo de condição de luto. Além da perspectiva religiosa, de que estariam a serviço de Alá, imagino que por temor de enfrentar algum problema político.

A MENDES PISCOU PRA MIM

Existem coisas que estão no sangue da gente. E o amor à engenharia certamente é uma delas. Não por acaso, dos oito homens da família de doze irmãos, seis se tornariam engenheiros. Isso se deve muito a meu pai, Sinfrônio Torres Sobrinho, ou, para os mais próximos, Seu Fão. Dentista com alma de engenheiro. De um jeito que contagiava a nós todos. Como naquelas manhãs de domingo em que nos reunia para pegar a estrada e, de longe, apreciarmos a grandiosidade das obras que seriam a nova ligação entre nossa pequena Bambuí e a BR-354. Aqueles viadutos altos na subida da serra, admirados como castelos em contos de fadas. O maquinário imenso, a paisagem se transformando. Isso, definitivamente, ajudou a me tornar um engenheiro.

E minha vida não demoraria a se cruzar com a da Mendes Júnior. Quando eu estava estudando, o sonho era mesmo trabalhar numa dessas grandes empresas. Um de meus irmãos, o Benício, engenheiro civil, já era funcionário da Mendes, tendo atuado tanto em projetos no Brasil quanto no Iraque, onde ficou por dois anos. Num de seus retornos, comentou: "Estão querendo levar engenheiro júnior para o Iraque". Uau! Claro, me candidatei. Era nisso que eu pensava desde os bancos de escola, na Fumec, originalmente instalada em Contagem, vizinha a Belo Horizonte. Num tempo em que, literalmente, passei a pão e água.

Nesse período, eu já havia superado minha fase de estagiário na Terraplan, uma empresa de planejamento rural pela qual eu cortava Minas Gerais num Gurgel barulhento. Uma de minhas missões era cuidar de medições em fazendas beneficiadas por programas especiais de financiamento. Fiz a inscrição na Mendes em janeiro de 1982, os testes foram em fevereiro. Eram realizados numa clínica de psicologia perto da Igreja da Boa Viagem, no Centro de BH. Em março, aprovado! A confirmação chegou por meio de um telefonema, eu entre minhas pranchetas na Terraplan. Simplesmente não consegui mais fazer nada naquele dia. Perdi a concentração. Já ficava imaginando como seria eu viajando, trabalhando fora do Brasil. Era contentamento juvenil mesmo, e me orgulho disso. Dali para frente, os dias me fariam ruminar Mendes Júnior no café da manhã, no almoço e no jantar.

Como uma provação, fiquei aguardando a chamada. Fizeram vários planejamentos de viagem. Adiaram uma, duas vezes. E eu angustiado: "Será que atrapalhou, que não vou mais?". E eu me consumindo em ansiedade. Mantive o vínculo com a Terraplan e, nesse tempo, cheguei a fazer cursos de aprimoramento na Universidade Federal em Lavras, cidade mineira do Campo das Vertentes. Ia trabalhando e tocando a vida. Nas horas vagas, promovia farra por esse mundo afora. Até mesmo com viagens a Bambuí, onde eu tinha uma namorada, mas nada muito firme. Confesso que era uma fase em que me esbaldei. Mas com uma determinação em mente. "Vou embora e deixar tudo pra trás. Quero começar nova vida". E foi o que fiz. Nem do namoro mantive os laços. Preferi fazer esse corte geral.

Estava louco pra que chegasse a hora de partir. Animado, mesmo sabendo que iria enfrentar uma barra. Que a coisa não seria fácil. Não somente do que a gente escutava, mas do que meu irmão, Benício, me contava. Não era simples viver num país em guerra. A gente tinha um certo receio, mas a vontade superava isso. Não pensava em outra coisa. "Quero ir, vou mesmo". Uma a uma, fui fechando as portas por aqui. Me despedi dos meus na minha terra. Eu estava feliz demais com o que se abria à minha frente. Colocar em prática tudo o que eu havia aprendido – e numa obra gigantesca! Não poderia surgir melhor chance.

Quando a gente deixa a faculdade, as teorias estão explodindo na cabeça. Mas o efeito transformador mora, sem dúvida, na prática. Sempre imaginei dessa forma. "Saindo da escola, tenho de aprender. Vou buscar trabalhar em empresas grandes". Esse era um objetivo fixo. Naquela época, as construtoras brasileiras eram muito bem equipadas e com profissionais superqualificados. Isso, claro, chamava a atenção da gente. E eu sempre tive o interesse de trabalhar numa dessas grandes do setor. Mendes Júnior, Andrade Gutierrez, Cowan, Brasil, várias delas de Minas.

Eu pensava e planejava ocupar uma função em que pudesse aprimorar minha experiência como engenheiro. E não errei. Principalmente pelo fato de a Mendes Júnior, naquela época, ser uma companhia bem administrada, de qualidade técnica excepcional. Então, ter iniciado minha vida assim na engenharia me deu uma carga, uma vivência pessoal e profissional considerável.

NAS CORDAS DO MEU VIOLÃO

Na minha despedida em Bambuí, onde meus pais ainda viviam, a família e uma grande turma de queridos amigos se reuniram. Era mês de junho. Mas não foi exatamente uma festa em tom de adeus. Teve muita alegria, brincadeiras, algo bem natural. Minha relação era um tanto forte com o lugar, as pessoas. Tudo que você constrói na infância e na adolescência marca muito. Aliás, é uma das coisas que eu sentiria de verdade ter largado pra trás. Mas não deixei o clima de perda dominar o encontro. Então, fizemos a reunião com cerveja, violão e farra, muita farra.

Nesse ponto, digamos, eu me divido: não me considero racional nem emotivo por completo. Sou meio a meio, ou, naquela época, com uma carga ligeiramente superior de emoção. Depois, a vida vai lapidando a gente. Ora um tanto emotivo, ora um tanto racional, sobretudo se relacionado à minha profissão. Mas nada de ser cartesiano. Por aqueles tempos, talvez eu fosse mais emotivo. De qualquer forma, havia uma outra motivação me chamando. E a ela respondi sim.

Como a Terraplan, que funcionava num escritório na região central de Belo Horizonte, era quase minha segunda casa, foi lá que, finalmente, a Mendes acenou: venha! Num contato por telefone, daqueles em que estômago, coração e frevo se misturam num compasso desenfreado. Pediram que eu passasse, primeiro, no escritório administrativo, que ficava na Afonso Pena, em frente ao Palácio das Artes. Quem me atendeu foi um funcionário chamado Jardim. Educado, solícito, explicou ponto por ponto. "Olha, as questões contratuais são essas, essas. Tem direito a vir uma vez por ano".

Sem nunca ter viajado ao exterior, e sempre muito ansioso, preocupado com cada detalhe, dá-lhe tensão. Eu era um fio desencapado – em 220 volts! Meu salário seria de US$ 1.500. Como combinado, abri uma conta no extinto Banco Real, já que um quinto desse valor seria depositado no Brasil.

Como o Benício já tinha estado no Iraque, minha família andava preocupada, especialmente minha mãe, dona Belinha. Meus irmãos, por outro lado, incentivando. "Vá mesmo. Faça sua vida".

PRA ONDE EU VOU?

A obra em que começaria como engenheiro júnior eu sabia. Era uma ferrovia de 800 km. Talvez uma das maiores do mundo em extensão na época. Seria dedicada ao transporte de fosfato da mina existente na localidade de Akashat, noroeste do Iraque, fronteira com a Síria. Um projeto moderno com características técnicas bem avançadas para aqueles anos. Mas eu não tinha a mínima ideia de onde iria ficar, qual seria minha nova casa.

Quando definiram a data da viagem, já comecei a preparar, ou pensar, no que seria minha mala. Foi simples. Ocupei essencialmente com roupas. Violão, uma de minhas paixões, iria? Por enquanto, não. Seria uma viagem longa, tensa, e um item a menos com o que me preocupar. E pensei: "Lá eu compro um". Como de fato comprei. Além disso, não levei nada que, geralmente, o brasileiro tinha costume de levar. Nada de cachaça, farinha de mandioca, polvilho. Até calculadora eletrônica, então considerado algo sofisticado, deixei para trás. Assim como preteri equipamentos específicos de engenharia. Levei canetas, agendas, cadernos. Peguei uma agenda daquele ano, 1982. Sou meticuloso. Sempre gostei de anotar as coisas. E tenho certeza que a minha metodologia de estudo e planejamento ajudaram bastante nesse sentido. Até hoje gosto de escrever à mão, porque acho que fixa mais.

Comigo foram um livro de estrutura hidrostática (com conceitos sobre pressão, mobilidade de estruturas de concreto, coeficientes de ruptura...). E separei algumas fórmulas que seriam extremamente úteis para meu trabalho. Uma de minhas agendas tinha, por exemplo, as formas de cálculos de área, circunferência, fórmulas básicas que, com certeza, a gente iria usar no dia a dia. E isso foi extremamente útil.

Como minha atividade no Iraque foi ligada ao setor de produção desde o começo, me serviram muito esses detalhamentos. Comecei logo trabalhando com concreto. Eu já tinha uma certa noção objetiva sobre cálculo de volume, fruto de minha experiência com desenho. Olhar um tanto de concreto no chão e saber quantos metros cúbicos há ali, isso você aprende na prática.

Levei também tênis, meião, camisa, calção. Claro, não deixaria de jogar futebol, algo de que sempre gostei muito. E sabia que lá teria oportunidade para as peladas. Mas camisa de time (sou cruzeirense, sem militância efetiva) ficou para trás. Me concentrei nas coisas do dia a dia. Então, éramos eu, uma mala grande, de rodinha, e uma bolsa a tiracolo. E muito, muito sonho a caminho da nova jornada.

EU EM CAMPO

Nós somos bem mais do que números. Mas eles carregam uma força simbólica, não? Na Mendes Júnior, a partir dali, além de Berilo Torres, eu seria o 7.391. Era a tal chapa de identificação que ganhei em minha chegada.

Depois de cruzar quase toda a Bagdá assim que deixei o aeroporto, o sacolejo do ônibus, o estômago ainda virado, tudo em mim gritava: pelo amor de Deus, me deem uma cama! Nossa primeira parada era a administração geral, que ficava no km 30. Lá conferiram todo o registro. "Esse vai pra cá, esse vai pra lá. Esse não veio".

Juro que eu já não aguentava mais nada. Cabeça doendo, o mal-estar me consumindo. Para piorar, nunca tive o costume de tomar remédio. No início da enxaqueca, não mais que um sal de fruta. Feita a triagem rápida, mudamos de ônibus. Mesmo extenuado, não conseguia dormir. Na estrada eu começava a ter as primeiras visões do deserto. Para quem conhecia tão somente imagens emblemáticas que nem eram dali, como as do Saara, e pela televisão, não deixou de ser um choque. Em lugar daquela sucessão de montes de areia, era um terreno plano, cascalhado. E a temperatura lá no alto... Desembarcamos por volta das 9 da manhã no que seria meu destino final. O acampamento do km 215, onde havia cerca de 5 mil pessoas.

Tudo muito arrumadinho, padronizado. Casas, containers. Hospital, escola. Era um desertão mesmo. Me surpreendi. Nos alojaram inicialmente ali num hotel de trânsito, o chamado 86. Arrumaram um quarto com três ocupantes. Um era engenheiro e outro era assistente técnico. Só ali apaguei. Fui acordar no outro dia pela manhã. Isso foi bom, porque, na realidade, dormi bem uma noite. E para a questão do fuso horário (seis horas à frente), que me afetou muito, começava a ajudar. Eu ainda inicialmente atordoado, precisava "disfusar". Viriam sono fora de hora e fome em períodos diferentes das refeições. Um tormento.

Nesse dia começava o Ramadã. Período sagrado para os muçulmanos, em que não se pode beber nem comer ao longo de quarenta dias até que o sol se ponha. Como era feriado, a turma que conhecia meu irmão, o Benício, que trabalhara por lá, me recebeu. Havia ainda uma figura próxima, uma prima, a Yara, filha do tio Mozart, casada com o Ricardo Vinagre, que ia ser meu chefe. Por volta das 10 da manhã, eles foram me buscar. Na casa deles, integrada ao acampamento, foi uma farra danada. Seriam cinco dias de feriado. Violão pra cá, violão pra lá. A sensação, bem longe das condições comuns de trabalho árduo no Iraque, era de paraíso... Até hoje aqueles primeiros momentos me visitam como uma brisa alentadora. Toquei violão, claro. "Espere por mim, Morena", do Gonzaguinha, uma de minhas canções preferidas, era uma das músicas. O Ricardo, que mandava muito bem na viola, também entrou na festa.

Ele tinha um violão japonês, um Maya. Mais adiante, resolveu vender. Como eu não tinha levado o meu, topei de cara: "Me dá aí". Me acompanhou o tempo inteiro no Iraque. Trouxe para o Brasil e o conservo até hoje. É como se fosse a representação de um tempo. Cordas duras, mas resistente. Não havia nenhum final de semana, sempre às sextas-feiras, em que não houvesse churrasco na casa de alguém. Eu sempre lá para tocar. Às vezes, em duos. Pela tradição árabe, o descanso era às sextas-feiras. Fim de semana de um dia só. Sábado e domingo, ao trabalho.

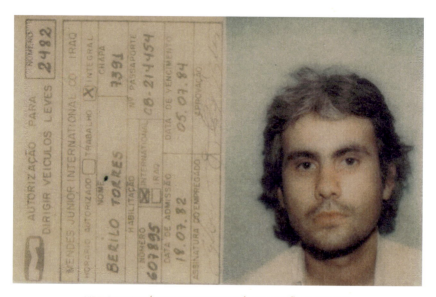

VIREI O FUNCIONÁRIO 7.391 DA MENDES JÚNIOR: MISSÃO INICIAL NAS CENTRAIS DE CONCRETO PARA OBRAS DA FERROVIA

Nesses churrascos, a carne era importada. Em geral, da Turquia. Parte vinha também de Portugal. Normalmente, boi e muito frango. Porco, como os árabes não comiam, a gente evitava. Os encontros eram embalados com a cerveja Antarctica, ainda naquelas latas de folhas de flandres, que a Mendes importava. Oxidavam, tinham gosto de ferro, mas a turma tomava do mesmo jeito. E havia a cerveja local, a Florida (apelidada como Ferida), cuja pronúncia seria "frida". Era muito ruim... Das passagens pelos free shoppings, algum uísque, conhaque. Às vezes, surgia uma caipirinha, mas era mais raro, porque dependia de que alguém levasse cachaça na bagagem.

O feriado, em que conheci também o clube do acampamento, muito bem montado, com sinuca, totó, famílias sorridentes, dava a falsa impressão de doce vida. Foram cinco dias de relaxamento e comemoração. A ponto de eu brincar com os novos colegas: "Isso aqui é muito bom, só farra". Mas sabia o que viria pela frente. E onde quer que estivesse, não havia como não sentir o impacto da temperatura. Algo inacreditável. Parecia estar na frente de um forno. Um bafo que oscilava dos 45 aos 50 graus (veríamos piores, na casa dos 60).

Depois de dormir a primeira noite no hotel, fui parar numa república de solteiros. Chamaram o grupo e avisaram: "Ele vai morar com vocês". Ali estavam alojados um engenheiro, o Delton, o Cotia, técnico de computação, e o Douradinho, do administrativo. Tanto o Delton quanto o Douradinho eram da área à qual eu seria vinculado, a Superintendência de Laboratório e Centrais de Concreto (SPLC). Como eu, o Delton era engenheiro júnior. Havia ainda outro engenheiro, o Tonhão, recém-chegado, coisa de uma semana, que iria trabalhar em frente de obra. Gostei da turma e aquilo me ajudou a pensar positivo: "Vai dar tudo certo". E tinha ainda o Akira, assistente técnico.

Arrumei um cantinho – era um quarto com duas camas. O Delton dormia de um lado, eu de outro. A galera bebia cerveja pra valer ali. Em dias de folga, já levantava tomando. Eu matutando: "Vou ter de dar um jeito de aprender a beber". Morando naquela casa, fiquei muito próximo e íntimo deles. Tenho uma foto que tirei no primeiro dia lá. Guardei. De vez em quando, revejo. Fico olhando para minha cara. Eu já tinha cabelo branco. Mas do jeito que cheguei e que saí, ah, uma diferença enorme.

ENFIM, O TRABALHO

O feriado havia sido bom, obrigado, mas eu queria mesmo era começar a trabalhar. Num clima de expectativa que não me aguentava, o Ricardo Vinagre, o superintendente da área de concreto, combinou de passar no dia seguinte e me apanhar. Me levou para uma área onde ficavam as superintendências, separadas uns quinhentos metros do setor residencial. Em meio às boas-vindas protocolares, veio o papo reto: haviam contratado os engenheiros júnior para cuidar das frentes de trabalho e, grosso modo, ajudar a diretoria a ter mais proximidade com o que vinha sendo feito. Num esquema já muito bem organizado, uma de minhas missões era unir essas pontas. Cuidar de execução e, como um filtro, diagnósticos que oferecessem soluções pontuais. Isso resultaria numa vastidão de relatórios...

Ganhei o crachá com a chapa 7.391 e talão de cheques para gastos internos. Naquele mesmo dia, o Vinagre me entregou umas chaves: "Está aqui o seu carro, Berilo". Era um Fiat 147, uma picapezinha branca, com escudo da Mendes. E deu as coordenadas: "Seu trecho é daqui, do 215 até o km 480. Desse trecho você tem uma central de concreto no 235, a CC5, uma central de concreto no 280, a CC4, e uma no 363, a CC1".

Os primeiros dias, admito, foram os mais difíceis. A saudade da família, viver o diferente, o desconhecido. Tudo chamava a atenção. O deserto, ao mesmo tempo que me parecia maravilhoso, era também assustador – pelo calor e pela monotonia da paisagem.

A superintendência à qual eu serviria era responsável pela tecnologia de concreto, determinando os traços para cada tipo de obra da ferrovia. Cuidava, assim, dos agregados, como brita (peneirada, tamanha a concentração de cascalho) e areia. O cimento era importado. Minha tarefa, num sistema extremamente bem montado, era controlar algumas dessas centrais de concreto – de estoque à produção e aplicação.

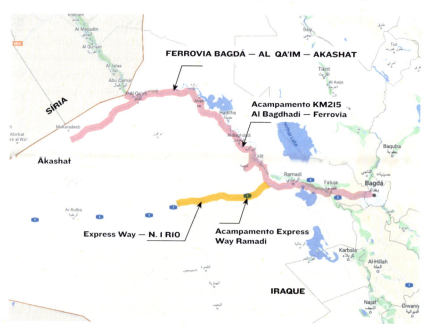

O TRAÇADO DA FERROVIA E DA EXPRESS WAY, DOIS IMENSOS RAMAIS DE TRANSPORTE FEITOS PELA MENDES JÚNIOR

Como era verão, no outro dia fui sair somente às 7 da noite. É que a especificação do contrato determinava que o concreto só poderia ser aplicado a uma temperatura de 35°C, descendente, o que ocorria naquela estação aproximadamente depois das 3 até as 5 horas, em plena madrugada. E eu com o fuso ainda complicado...

Estávamos instalados perto de um povoado que se chamava Al Baghdad. Ao sair, eu me deparava com algumas casas de pedra, a maioria sem reboco, muito pobres. As mulheres em túnicas negras, burca. Naquele dia, deixei sozinho o acampamento 215 sem saber direito para qual direção seguir. Imaginava, pela lógica da quilometragem, que teria de dirigir no sentido crescente da estrada. Aproximadamente 7h30 da noite, o sol seguia alto e forte. E anoiteceria só umas duas horas depois. A natureza é mesmo um espetáculo!

Passei, primeiro, na central de concreto CC5, no km 235. Cada uma tinha um encarregado, um assistente técnico de bom nível. Impressionante a qualidade e grau de conhecimento dos funcionários. Em minha incursão inicial, a receptividade foi animadora. Quem comandava a CC5 era o Geraldo Braga. Cheguei, dei um boa noite à figura que logo encontrei. "Cadê o Geraldo?". Era o próprio. Me apresentei. Ele me tratou como se fôssemos velhos camaradas: "Que coisa boa, você por aqui..". Chamou a equipe para que me conhecessem. Além dele, o laboratorista e o operador da central eram brasileiros. Tudo automatizado. A unidade fazia de 60 a 70 metros cúbicos por hora, um espanto se comparada às do Brasil na época, cuja média ia de 10 a 15 metros.

O Braga se ofereceu para me acompanhar e seguimos até a CC4, que ficava no km 280. Era um dos piores acampamentos de toda a estrutura da obra. Um local perdido no deserto, longe de qualquer cidade ou vilarejo. A estrada de acesso era um caminho de asfalto líquido, desformatado, lançado sobre o deserto sem terraplenagem. Seguia o relevo do terreno plano, porém, com algumas depressões que faziam o veículo quase voar, o que levou a turma a batizar o trecho de "esfria saco" – ou "fita isolante", por parecer uma goma pregada no solo.

O concreto que produzíamos era usado para as obras de arte especiais, como pontes, viadutos, passagens de nível. E outras, as chamadas correntes, como canaleta, bueiro, plataforma, meio-fio. Nas centrais havia um pátio grande com areia e brita em suas diferentes granulações, que vinha do peneiramento. Éramos responsáveis ali pela produção desses chamados agregados, a distribuição deles, e, por fim, pelo concreto. Era preciso programar a vinda das carretas de cimento, cujo estoque ficava longe dali, no km 104. Chegando, eles eram armazenados em silos de grande proporção, em torno de umas cem toneladas. Havia cimentos diferentes; do alemão, de alta resistência, ao comum. E isso determinava para que tipo de mistura ele seria usado.

Tudo vinha de um lugar que a gente jocosamente chamava "Rasga-saco". As embalagens eram abertas e direcionadas para 12 silos por um sistema de pressão. Dali para as carretas, todas pressurizadas, coisa que eu nunca tinha visto na minha vida. Eram americanas, Peterbilt, com capacidade para 40 metros cúbicos. O movimento era de uma carreta a cada dois dias. Consumo bem alto.

Sob nossa responsabilidade havia ainda o controle tecnológico, com rotina de provas, um laboratório que testava a qualidade dos agregados, granulometria, resistência. Saí do Brasil sabendo que trabalharia nessa área. Levei fórmulas. Não é simples, mas eu já conhecia. E para cada central era escalado um fiscal a serviço do governo iraquiano, mas não necessariamente do país. Todos sempre eram tratados por Mister.

Havia aqueles dedicados ao controle de qualidade do concreto, como o engenheiro egípcio Mister Hanmza, um homem com forte estrabismo. Não conhecia muito do trabalho, mas também não impunha dificuldades. Seu chefe era um indiano, Mister Kapa, uma pessoa dócil, porém, sem tanto interesse, ainda que sempre receoso da avaliação dos iraquianos. Num sistema todo automatizado, com correias transportadoras, uma dosadora alimentava a betoneira com areia e brita, para em seguida adicionarmos o volume de água planejado. Os Mercedes-Benz importados do Brasil levavam até umas 4 toneladas. Quando comecei, só nas centrais pelas quais eu respondia havia 48 caminhões-betoneiras. Tempos depois, quando assumi todas as unidades, já eram 74.

Assim, antes que as betoneiras partissem para o campo, era necessário retirar de todas elas uma fração de material. O laboratorista media as mostras para fazer os corpos de prova. E os fiscais conferiam. Na CC5, um iraquiano para o concreto e um indiano para o laboratório. No 350, um egípcio no concreto e um indiano na tecnologia. Resumidamente, tínhamos três faixas para cada classe, se mais ou menos concentrados. E ainda o chamado slump, que poderia variar – um ensaio que media a consistência. Isso dá a característica mais delicada, a proporção água/cimento. Essas graduações iam de 1 a 12 (o mais mole).

EU NO MODO CORUJÃO

Seguindo naquela rotina de trabalho noturno, imposta pela alta temperatura, nossa jornada operacional ia das 7 da noite às 6 da manhã. Como engenheiro júnior, logo comecei a criar umas metodologias para facilitar. Pela manhã, tomava um café e ia buscar a turma de frente de obra, a que estava cuidando de itens como a ponte e o bueiro.

Eu tinha de programar a produção para tantos metros cúbicos direcionados a cada um desses pontos. Conversava com os engenheiros, em geral, o mais experiente, que antecipava a programação. Dali vinham os cálculos: com tantos metros cúbicos, vamos precisar de tanto de cimento, de areia, de brita... E controlava item a item – estoques, sobretudo. Planejava para chegar à noite e estar com tudo à mão. Havia dia de demanda para tudo. Ponte, canaleta, bueiro. Era de concreto seco até mais úmido.

O ritmo era pesado. Quando eu voltava do trecho, cedinho já fazia as programações, e ali pelas 10, dormia umas duas, três horas. Almoçava e voltava para dormir mais. E por volta das 4, 5 da tarde, despertava, porque já tinha de começar a me preparar para a saída. E seguia para o carro com um artigo para lá de essencial naquela fornalha: água, um galão térmico com gelo, mas que pouco adiantava, porque logo o líquido estaria quente. Feito e conferido o cronograma do dia, repassava tudo por rádio. Uma imprecisão de cálculo e era encrenca à vista.

Nas frentes de trabalho, os fiscais contratados pela Iraqi Republic Railways (a estatal que controlava o setor ferroviário local) confeririam armação, fôrma, limpeza. Geralmente, o chefe era iraquiano. Invariavelmente, militar – e dos que serviam também na guerra. Mas não trabalhavam fardados. Os indianos e os árabes costumavam usar túnicas, que não demoraram a ser proibidas por causa de acidentes, sugadas por máquinas ou entrelaçadas em ferros pontiagudos.

Não eram raros os problemas operacionais, de desvio de caminhões para uma emergência no meio do caminho até, eventualmente, a aplicação do concreto errado. E, no dia a dia, fomos sendo confrontados por desafios pontuais. Como o caminhão Peterbilt, enorme, que tinha um só pistom para levantar a caçamba. Vários deles tombavam no momento de ejeção da carga. Até que sugerimos e adotaram dois pistons.

Nessa minha rotina inicial, fiquei na função uns dois anos. Aquele sonho inicial de quando embarquei, fazer uma bela carreira numa grande companhia, ia se concretizando – sem trocadilho. Eu já tinha tido uma reclassificação, ao passar para engenheiro júnior 3. Fiquei mais ou menos um ano assim. E fui reclassificado como engenheiro. No terceiro ano, em 1984, assumi todas as centrais de concreto. Eram 12.

Havia me tornado o engenheiro superintendente dessa área. Se era difícil antes, mais difícil ficou. Eu tinha, nessa primeira fase, 230 pessoas sob meu comando. Desde assistentes técnicos até serventes. Quando assumi tudo, eram mais de quinhentos.

Somos movidos a desafios e isso não me assustou. E olha que era muita coisa, 480 km para cobrir. Em meu escritório no km 215 a movimentação nos quadros de controle, uma chapa com imãs (lembrem-se, estávamos nos anos 1980), só foi se avolumando. A gente ia colocando as produções diárias, marcando a prevista e a real. Não era futebol, mas, na prática, era necessário contar com o tal "sobrenatural de Almeida", imortalizado nas crônicas de Nelson Rodrigues. Como panes em caminhões. Às vezes, tínhamos de abrir e tirar na pá! Pneu furado na vastidão do deserto... Situações para as quais nem sempre havia saída, o que implicava jogar concreto fora. Iam se formando "minimonumentos" ao lado da ferrovia. Vez por outra, o "Pirata", um caminhão comboio que tinha gasolina, óleo diesel, lubrificante, compressor, ajudava a salvar.

O ACAMPAMENTO 215, MINHA PRIMEIRA 'MORADA' IRAQUIANA NA CHEGADA COMO ENGENHEIRO JÚNIOR

Tecnicamente, quem dera estivéssemos livres de imperfeições. Havia de variados tipos. Numa ocasião, o cascalho rolado, de fundo de rio (do qual se extraía a brita), estava contaminado com sal. É o pior inimigo do concreto. Dissolve tudo. Descobrimos ao fazer o corpo de prova para ter dimensão do suporte de carga. Não há meio-termo para isso. Eu no laboratório da CC1, no km 350, me chama o Mister Capul, fiscal indiano: "Estamos com um problema. Esses corpos de prova estão acusando que o concreto está ruim". Colocamos na prensa para o teste. Sem a resistência prevista. Paramos o concreto que estava sendo feito. Fomos ao cimento. Tudo checado. O usado era o que estava previsto. Mas não liberamos a produção do dia. Depois, fomos aos agregados. Tínhamos o controle das jazidas de procedência. Numa das amostras: bingo! Presença indesejada de sulfato, sal. Isolamos o ponto de extração, rejeitamos o material que estava no pátio. Mas o que fazer com o concreto que já havia sido usado no pilar de uma ponte? Foi dia de calafrios. Tiramos um corpo de prova do local usando uma broca cilíndrica. Não deu a resistência necessária, mas não ficou tão longe dela. Como a aplicação ali ainda era parcial, reforçamos a estrutura, refizemos as análises e, ufa!, deu certo.

Isso foi logo no meu começo de obra, no final de 1982. E o governo iraquiano era para lá de rigoroso com essas questões. Se precisava chegar a um ponto de resistência de 230 (quilos por centímetro quadrado de pressão) e desse 229, eles rejeitavam. Isso valia para a densidade do concreto, a granulometria da brita. Nesse ponto, a chave é buscar o acerto com transparência e dialogar. Por lá não era fácil essa aproximação, mas tentei fazer isso com naturalidade, ao mesmo tempo que não passava a linha dos protocolos contratuais. O tal "jeitinho" nunca foi comigo.

O costume de ponderar é sempre um ótimo conselheiro. Se estava ruim o concreto, ia ao laboratorista. "Vem cá, vamos ver o que deu errado. O que você acha?". E, muitas vezes, ele identificava a falha. Por exemplo, o caso de o motorista colocar mais água do que o previsto. Ficava mais fácil detectar o problema, fosse um erro de produção, desequilíbrio de agregado, de produto. Simplificou muito para mim. Eu continuei do jeito que eu era mesmo. E assim me dei bem com todos. Tanto com os brasileiros quanto com os iraquianos e os outros estrangeiros.

AH, SAUDADE DO BRASIL

A dinâmica pela Mendes Júnior no Iraque era tão avassaladora, que era como se a gente tivesse pouco tempo até pra sentir saudade do Brasil e de tudo o que nosso país representava. De sua arte, de nossos amigos, de nossa família. Mas, do nada, às vezes no silêncio da madrugada, aquele aperto no coração nos visitava. E a conexão era como um avivamento. E pouco importava se com atraso de semanas. Porque era impossível assistir ao vivo a um programa de TV de sua preferência, a um telejornal, torcer ao vivo pelo seu time de futebol, acompanhar um programa esportivo.

E saber que, do outro lado do mundo, os brasileiros seguiam desfrutando das coisas simples – mas singelamente simbólicas – do dia a dia: ler, quentinho, o jornal preferido, chegar na paz do cantinho em casa e folhear a revista semanal favorita, ligar o rádio do carro a caminho ou na volta do trabalho, curtir uma música ao volante… No acampamento, nós dispúnhamos de televisão aberta, mas que televisão! Os programas locais eram basicamente musicais em exaltação a Saddam Hussein. Uma overdose de imagens dele, além de cenas chocantes da guerra com o Irã.

A saída? Podia parecer para lá de exótico. Mas vivíamos ali a vida em videoteipe. A partida de futebol com data vencida, o telejornal de meses atrás. Tudo aquilo era um alívio ante o vazio de entretenimento que nos sufocava. Por meio de circuitos internos de TV e aparelhos de televisão nos acampamentos principais, o VT daquele jogo entre Cruzeiro e Atlético, do qual já sabíamos o resultado, era como assistir ao vivo, com todas suas emoções.

A MENDES JÚNIOR SE ESTABELECEU NO IRAQUE COM VÁRIOS PROJETOS A PARTIR DO FIM DOS ANOS 1970

Da mesma forma, a cópia das edições do *Jornal Nacional* com assuntos já superados, que acompanhávamos com olhar analítico ou de aparente surpresa. E assistir ao programa *Fantástico*, mesmo com semanas de atraso, era extasiante: a imagem icônica daquela mulher emergindo da água na abertura era algo que nos remetia a nossas noites de domingo no Brasil. E dou risada ao me lembrar de como valorizávamos até os intervalos com as propagandas que davam uma espécie de toque de realidade a essas reprises.

Ah, e os jornais impressos tinham um tremendo valor se chegavam a nossas mãos completos, com o noticiário daquele dia, o caderno cultural, o suplemento feminino. Até os classificados eram, estranhamente, um símbolo de brasilidade naqueles ermos. As revistas, estas sim, disputadíssimas. Mas tinham peso de ouro as chamadas edições masculinas. *Playboy*, *Status*, *Ele & Ela* eram como um troféu. Além do conteúdo erótico, chegavam valorizadas pela audácia de seu portador por assumir os riscos de desembarcar no Iraque com um produto desse tipo. Portar publicações com nudez num país mulçumano tão radical era crime.

UAAAUUU, AS VELHAS FITAS CASSETE!

Nas idas e vindas ao Brasil, havia quem encomendasse polvilho, cachaça, farinha. Eu encomendava fitas cassete. E confesso que era uma forma de me sentir vivo, me reconectar. Nelas eram gravadas as programações de rádios de Belo Horizonte. Além das músicas, propagandas, notícias, informações das horas. Não escapava nada. Eu circulando no meio da noite, reverberava o locutor de minha emissora preferida: "*Você está ouvindo a Rádio Mineira. Em Belo Horizonte são 15 horas.*" Ao vivo nos restava a restrita Rádio Bagdá FM, de baixíssimo alcance. E monotemática nas odes ao governo. Tinha transmissão esporádica e, invariavelmente, o hino do Iraque tocado às 18 horas. A ponto de poder reconhecê-lo por todo o sempre.

Quem tinha as fitas cassete precisava, necessariamente, de toca-fitas, um item que foi caindo em desuso com o avanço tecnológico e que muitos hoje nem sequer conhecem. Era possível comprar um deles, assim como os alto-falantes em Bagdá. Depois, dependíamos da sorte de conhecer alguém das oficinas mecânicas dos acampamentos para cuidar da instalação nos veículos. O uso repetitivo durante os trajetos rumo ao trabalho ou no retorno nos pregava peças pitorescas. Com a temperatura fumegante, não era raro as fitas derreterem e se agarrarem ao aparelho, o que exigia paciência e habilidade para o reparo. Às vezes embolavam de uma forma que simplesmente não havia salvação. Havia, na verdade: encomendar outras a quem fosse ao Brasil.

E eu, claro, tinha as minhas fitas com uma seleção das músicas preferidas. Os álbuns *Supertramp – All famous last* e *Pink Floyd – The Dark Side of the Moon* eram dois obrigatórios na minha, pra usar uma expressão moderna, playlist. Eu os escutava diariamente. Com o desgaste natural e o calor, chegávamos a um dia em que nem havia mais como tocar. E dá-lhe cópia!

Eu ao volante, o ambiente me colocava como num cenário de filme. A música "Time" (ah, eu amo demais!), do Pink Floyd, no talo, trilha boa de pisar no acelerador. Naquele momento, era como se fosse uma metáfora, uma dialética muito pessoal do tempo para mim. Tudo era presente. O passado, o futuro, tudo girava em torno de uma só espiral. E era como se chacoalhasse minha alma por inteiro. E o fascínio não era menor por "The Great Gig In The Sky".

"Time"	
(...)	(...)
And you run and you run	[E você corre e você corre
To catch up with the sun	Para alcançar o sol
But it's sinking	Mas ele está se pondo
And racing around to come up	E dando uma volta para se levantar
Behind you again	Atrás de você outra vez
The sun is the same in the relative way	O sol permanece, relativamente, o mesmo]

Com o Supertramp, os solfejos de "Logical Song" me doíam até os ossos. Era a minha predileta da banda britânica. Com sua letra tão peculiar, era um encaixe perfeito à minha realidade naquelas horas. Podia soar contraditório, mas meu peito tanto se enchia de prazer quanto de angústia.

"The Logical Song"	"A Canção Lógica"
When I was young	Quando eu era jovem
It seemed that life was so wonderful	Parecia que a vida era tão maravilhosa
A miracle, oh, it was beautiful, magical	Um milagre, oh, ela era tão bonita, mágica
And all the birds in the trees	E todos os pássaros nas árvores
Well they'd be singing so happily	Estavam cantando tão felizes
Oh joyfully, oh, playfully watching me	Oh, alegres, brincalhões, me observando
But then they sent me away	Mas, aí, eles me mandaram embora
To teach me how to be sensible	Para me ensinar a ser sensato
Logical, oh, responsible, practical	Lógico, oh, responsável, prático
And they showed me a world	E me mostraram um mundo
Where I could be so dependable	Onde eu poderia ser muito dependente
Oh clinical, oh, intellectual, cynical	Doentio, intelectual, cínico
There are times when all the world's asleep	Tem vezes, quando todo o mundo dorme,
The questions run too deep	Que as questões seguem profundas demais
For such a simple man	Para um homem tão simples
Won't you please, please tell me what we've learned	Por favor, me diga o que aprendemos
I know it sounds absurd	Eu sei que soa absurdo
But please tell me who I am	Mas, por favor, me diga quem eu sou

Alguém que vê de longe poderia imaginar que a sensação era de que vivíamos fora da realidade. Que nada. Era uma maneira de tentar seguir em frente e não se desligar do mundo que tínhamos deixado na outra ponta do planeta.

BAMBUÍ ME DEU O TOM

Uma das pontas do planeta para onde eu me transportava era Bambuí, minha terra natal. Lá tive uma infância e adolescência muito saudáveis. Daquelas recordações que nos inundam de uma saudade boa. Acho que posso chamar de período de ouro minha fase dos 13 aos 17 anos. Uma coleção enorme de primos: eram 104, só os de primeiro grau. Os fins de semana, assim, viravam uma festa. E eu, felizmente, sempre tive muita facilidade para fazer amigos. Além disso, viver e crescer numa pequena cidade tinha suas peculiaridades. Parecíamos uma imensa família, o que franqueava o acesso às casas da vizinhança com uma liberdade ímpar.

Isso vai desaguar num encontro que seria o divisor de águas na minha vida: a música. É difícil imaginar que garoto não se encantou pela Jovem Guarda, por tudo o que ela representava e por todo aquele coquetel de sonoridades em meados dos anos 1960, fossem do Brasil ou do exterior, com os Beatles em plena efervescência.

Em casa, a gente não tinha televisão, então a saída era assistir aos programas do Roberto Carlos e de sua turma numa residência vizinha. Nós nos aboletávamos na janela da querida Dona Ilka, que ficava colada no passeio. Nos debruçávamos quase sem piscar para ver os ídolos. Geralmente, nas tardes de sábado. Eu deslumbrado com tudo aquilo. Muito menino, não mais que uns 11 anos.

Como meu pai era dentista, às vezes recebia muito medicamento numa caixa que vinha com um compensado. Eu pegava aquilo, desenhava uma guitarra, reproduzindo toscamente até mesmo os cabos. E ficava imitando Beatles, Roberto Carlos... O curioso é que, vendo a televisão com um reflexo, eu brincava com a mão esquerda, mesmo sendo destro. Fazia o meu show particular. A gente punha atrás do basculante um gravador de fita, raridade que era de um dos amigos – o Pedro Cardoso, filho do Seu Chiquinho e da dona Olga – e ia misturando "dublagem" com encenação. Desde criança mesmo, de 6, 7 anos, a gente convivia muito, e essa amizade atravessaria adolescência e juventude.

Minha mãe, Dona Belinha, que adorava música, percebeu o que poderia ser um sinal. Ela comprou um violão, acho que na intuição. Era para todos os irmãos. Só que eu, mais extrovertido, comecei a dedilhar. Esse virou o meu hobby. E juro que o mundo não seria mais o mesmo. Sou o décimo de 12 filhos. Assim como eu, os dois mais novos aprenderiam a tocar. Mas como fazer se a gente não sabia nem mesmo afinar o instrumento? Para quase tudo há solução. Fomos descobrir que o som do telefone logo que retirado do gancho (o fixo, para os que não conhecem) era como um lá. Depois de colocar na mesma sintonia, íamos afinando as cordas restantes.

E fomos tentando, insistentemente, até aprendermos a primeira música. Foi uma do Leno e Lilian, "Pobre menina". Só tinha duas notas, lá e mi. Ficava fácil. E dedilhamos uma segunda, uma terceira... A minha fascinação só crescia e, ali pelos 15 anos, dei um jeito de me aproximar da turma do Colégio Antero Torres – uma homenagem a meu avô – também vidrada em música. A escola oferecia uns instrumentos, como bateria e guitarra, para quem gostava de tocar. Me lembro que um grupo formou, entre 1969 e 1970, um conjunto, o Geniais do Ritmo. Genial era uma palavra da moda naquela época. Era uma banda muito arrumadinha. Todos amigos. Eu adorava. E sonhava um dia poder ser integrante. Me virei para poder acompanhar os ensaios, tocar um pouco, dar os primeiros passos na guitarra.

Nas apresentações, a canção de abertura era "Aquarius", então cantada pela The Fifth Dimension. O repertório tinha, obviamente, fenômenos como a orquestrada "O Milionário", interpretada por Billy J Kramer & The Dakotas, e outras como "A Time for us", que fez sucesso com o Jhonny Mathis. Naquele processo de transição da juventude, membros do conjunto foram saindo. O destino, em geral, era a capital, Belo Horizonte. No fim de 1970, começo de 1971, eu me tornava um dos novos participantes do Geniais do Ritmo.

Comecei como guitarrista base, relativamente mais simples do que o papel de um solista, por exemplo. A guitarra, para gente, era uma coisa assim fora do normal – eu pensava que nunca ia ter acesso na vida. Ah, e como a gente fazia shows! Bailes em Bambuí, festas de debutantes. Tocávamos em outras cidades da região, como Ibiá, Luz, Campos Altos. Era o melhor dos mundos.

EM 1998, REENCONTRO EM MINHA CIDADE NATAL COM ALGUNS DOS INTEGRANTES DA BANDA GENIAIS DO RITMO. DA ESQUERDA PARA A DIREITA: TEIXEIRA; DEDINHO; MARCINHA E BERILO

A banda, ainda que não tivesse exatamente um uniforme, tentava combinar uma calça jeans e uma camisa branca, geralmente com colarinho, mas informal, algo mais solto. Eu miro meus 15 anos e de tantas cenas me recordo com perfeição. Acho que saberia o repertório todo ainda hoje. Começávamos com "Aquarius", aí vinha com alguma coisa de Roberto Carlos, Bee Gees, cuja interpretação era minha. Tudo por causa do relativo domínio do inglês. Era na raça mesmo, pronúncia de escola. A vontade para música era tanta, que a gente levava as letras para o professor, que transcrevia as pronúncias corretas. Então eu tocava e cantava, por exemplo, "I Started a Joke", do Bee Gees, "My Sentimental Friend", do Hermans Hermans, "Something", dos Beatles. Johnny Rivers também estava em nosso repertório, com "Do You Wanna Dance" e "By the Time I Got to Phoenix".

E a galera adorava. Num show no cinema em Bambuí, tive de cantar "My Sentimental Friend" umas três vezes. Como nosso repertório não era lá assim tão extenso, para nós era até bom. E, fora da banda, nos metíamos também nas serenatas. Essa fase foi muito boa. Uma, 2 da manhã, a gente tocando sob uma janela. Como na casa da Rose, onde havia cinco ou seis irmãs na faixa da adolescência. Nos primeiros acordes, todas corriam para a varanda. Leonardo Teixeira Magalhães, primo, que seria meu procurador, namorava a Rose e estava numa dessas sessões. Deu em casamento.

Era tudo muito divertido. Dos ensaios aos shows, além das viagens. Há o caso de uma ida nossa para Ibiá. Era preciso subir a serra até a BR-262 e ir dali para o sentido do Triângulo Mineiro. Dava uns 130 quilômetros. Fomos à noite. Era época de inauguração da rodovia. A estrada estava nova. Então, o reflexo do farol brilhava nos "olhos de gato". Conosco seguia uma espécie de faz-tudo, um fã que ajudava a montar e desmontar o palco. Em meio à escuridão, um dos colegas brincou: "Poxa vida, hein, esse cara que tem de acender essas luzinhas todas... é danado, hein". Daí o ajudante, em sua simplicidade, reagiu: "Não... Ele acende, mas não acende assim não. Ele deve ter um interruptor em cada cidade que ele liga". Foi uma gargalhada geral, difícil de controlar dentro daquela Kombi.

Nos bailes, não raro, o glamour era quebrado por confusões locais. Em Luz, por exemplo, invariavelmente havia briga. Coisa de interior. De família com família. Rixa antiga.

Mas, por outro lado, havia muita tietagem. Nós, que tocávamos, nos sentíamos o máximo. E as conquistas brotavam de um jeito avassalador.

Nessa época, eu vivia só namorico. Nada de paixão.

Se a gente mudava de paquera, a banda igualmente mudava seus membros. Eu toquei com o Zé Maria, o baterista, vizinho, gente muito boa. Um baixista muito bom, o Gilson. O Manico, irmão dele, de quem não ouvi mais falar, era solista. De vez em quando, o Eduardo nos vocais. Nós tínhamos um empresário, Zé Maria, o Bolachão, que cuidou de todas as versões dos Geniais, da origem ao fim. Era uma dessas figuraças da cidade, de quem todos gostavam. Muito realizador. Montava uns botecos arrumados. Nos finais de semana, era num desses que a gente tocava – desde que não tivesse baile. O Bambuzinho, com decoração de bambu e palha, um brinco. Fato é que toquei com eles até seguir para Belo Horizonte para estudar. Fui me desligar ali pelo final de 1971, início de 1972. Como amei!

Há uma passagem emblemática, que tenho registrada em vídeo. Em 1998, quer dizer, 26 anos depois, fizemos uma festa em Bambuí. A turma da velha guarda organizou. Foi uma das coisas mais maravilhosas na minha vida. Fomos para um baile onde estava presente praticamente todo mundo que era da minha geração. Éramos uns quatro do conjunto. No meio desse encontro, o DJ anunciou a nossa presença e fomos ao palco. Era meio que previsto, mas a ansiedade era juvenil, no melhor dos sentidos. O solista era o Dedinho, que foi do grupo original. Estava lá a minha prima queridíssima Márcia Torres, Marcinha, que toca órgão. Além dela, um amigo que foi o primeiro baterista do conjunto, o Carlos Alberto Teixeira. Tocamos duas músicas, "O Milionário", e "A Whiter Shade of Pale", do Procol Harum. O clube ficou em alvoroço. Não dá para esquecer uma noite dessas.

A NOVA BABEL

Imagine um peão brasileiro, um fiscal indiano, um coordenador iraquiano, um motorista turco... Estávamos a um passo da Torre de Babel. Era exatamente assim no Iraque. Havia uma minoria, incluindo estrangeiros, que tinha domínio do inglês, ainda que precário. As trapalhadas, então, não eram raras em nossas relações de trabalho. Quem não haverá de lembrar do exemplo clássico das escolas de idiomas, que até faziam trocadilhos com desert e dessert? Bem apropriado para o nosso caso...

E não é que uma saída rocambolesca, mas engenhosa, nos salvou a todos? Criaram uma espécie de dialeto que servia ali como linguagem universal. Confesso que foi uma das coisas mais interessantes que já vi na vida. A gente ia descobrindo na prática como nasce a chamada "terceira margem do rio". Havia o português, o inglês, o árabe para a gente se comunicar... E havia o "Mendês".

Formalmente, as línguas oficiais dos contratos da empresa por lá eram o inglês e o árabe. Toda comunicação oficial escrita era elaborada nos dois idiomas, lado a lado: na mesma página, do lado esquerdo era redigido em árabe e, do lado direito, em inglês. O fato de a escrita árabe ser feita da esquerda para a direita e de cima para baixo tornava o documento um verdadeiro jogo de quebra-cabeças.

Com funcionários da supervisão, da fiscalização ou um cliente, se falava em inglês, na sua mais tradicional impostação árabe. Mas e a comunicação com toda aquela gente? Como dar orientação do trabalho, argumentar, direcionar? Como se comunicar com tantas línguas e mesmo dialetos falados pelos trabalhadores? Eram nacionalidades variadas: iraquianos, egípcios, somalianos, tunisianos, marroquinos, emiradenses, brasileiros, chilenos e chineses.

O surpreendente é que foram criando uma coisa intermediária. Não era português. Não era árabe. Não era inglês. Era a fusão dessas três línguas. E o mais curioso: praticamente todo mundo falava e todo mundo se entendia. Dos empregados aos setores de fiscalização, usávamos cotidianamente. Era incrível como os fiscais, que lidavam muito com pessoal do campo, falavam.

Até nos povoados perto dos acampamentos era aplicável o "Mendês". A gente fazia compras em algumas cidades e aldeias ao longo e próximo das obras se comunicando assim. "Come plus, ne fa do lac?", que significa: "Quanto custa?" No paralelo, aprendi um pouco de árabe. E pude "gastá-lo" em viagens por alguns países, como na França, por exemplo. No Iraque fiz um amigo brasileiro, que era operador de telex, o Gilberto Cabral da Cunha, com o qual me acostumei a conversar em árabe sempre que retomamos o contato. Mas escrever em árabe já seria demais. Aprendi só os números.

A origem do tal dialeto é incerta. Já existia quando fui para o Iraque, em 1982 – a Mendes estava lá desde 1979. Presumo que tenha sido criado por brasileiros, com esse jeito meio mágico de se adaptar a tudo. Mas não sei dizer se alguém chegou a sistematizá-lo. Até hoje, quando antigos funcionários se encontram, a gente brinca com aquela mistura exótica. A maioria das palavras em árabe, algumas em inglês, umas poucas em português. Saíam como um coquetel de sonoridades: "Baden finish contract ana mesh Brasil aco contrato madame e no come back to Iraque". Em resumo: "Depois que eu terminar meu contrato, retorno pro Brasil, caso e não volto para o Iraque". Em árabe, a tradução de "baden" é "depois", enquanto "ana" significa "eu". Já "mesh" é no sentido de "mover-se, se deslocar". E a junção "aco contract madame" seria o casamento, uma vez que no mundo árabe não deixa de ser um contrato.

Houve uma passagem emblemática, que mostra o fascínio sobre a forma de se comunicar. Saindo do trabalho noturno, eu já estava indo para o acampamento do km 380, na virada da madrugada para a manhã o vigia da central me chamou. Um egípcio, o Mohamed. Falando pelo rádio, ele queria orientações de como proceder, porque tinham aparecido por lá alguns soldados do Exército iraquiano que queriam levar brita do estoque da central de concreto. Expliquei a ele que a orientação era para que solicitassem formalmente à administração do acampamento a liberação do material. Essas demandas – uma constante – eram elaboradas por um comandante, o que era sempre atendido por nós para evitarmos atritos com o governo.

EU COM O GRUPO DE FISCAIS DAS OBRAS: VIVEMOS BONS MOMENTOS, MAS TAMBÉM ENFRENTAMOS PROTOCOLOS DE ALTO RIGOR

Eu recomendei ao Mohamed: "Peça a eles para irem ao acampamento conversar com a administração, que daí eles autorizam". E ele voltou com a voz insegura alguns minutos depois: "Ah, mas eles não estão querendo conversar não". Cocei a cabeça e pensei no mais aconselhável: "Olha, então, vou voltar aí pra gente ver como será". Mohamed meio que me atalhou: "Mas não precisa. Já até encheram a caminhonete". De qualquer forma, fui. Quando cheguei ao acampamento, estava lá simplesmente a cúpula da Mendes Júnior. Era casual. O Murillo Mendes, presidente da construtora, entre eles. Além dele, o Remo Sales, diretor-geral de obras especiais, o Carlos Alberto Pitella, diretor comercial da área internacional, que tinham ido para ver as obras da ferrovia. Estavam subindo pelo carro de linha, uma Mercedes que tinha controle hidráulico e se adaptava aos trilhos. Eu mesmo não sabia que iriam. Quando cheguei, não demorou para me chamarem. Eles haviam escutado pelo rádio minha conversa com o vigia. Questionaram que idioma era aquele, já que não tinham entendido nada daquela longa conversa. O Murillo espantado: "Berilo, que língua é essa que vocês estavam falando?". Agora a surpresa era minha: "Isso é da empresa de vocês, o Mendês". Eles entre o riso e a perplexidade. Tinham achado a coisa mais interessante do mundo.

Se o Mendês destravou problemas de comunicação, criou outros, gerando situações cômicas e inusitadas. Para o funcionário menos qualificado, o peão (aqui sem qualquer conotação pejorativa), era como se fosse uma língua corrente. Tivemos, claro, casos pitorescos. Essa turma acreditava que haveria compreensão em Bagdá ou mesmo em outros países, até na Europa. E nas viagens mundo afora, achava que todos entenderiam, como se estivesse sendo falado o inglês. Assim se dirigiam às aeromoças, aos atendentes em aeroportos, nos hotéis. A gente até brincava com uma expressão: "Between, my well", fazendo um falso trocadilho com "Entre, meu bem".

Depois de tanto tempo, ainda consigo me lembrar de palavras e frases que nos ajudavam em nossa difícil comunicação. Como a engraçada Milk Madame, que era, acredite, leite condensado... A mais usada era: "Mako musquila" que do árabe significa "não tem problema". Se encaixava em qualquer situação, como um "tudo bem, entendi, ok, vamos em frente". O que parecia estranho, no fim das contas nos salvou. E como!

Surfando no Mendês

"Mangaria": comida, alimentação
"Ako": tem
"Mako": não tem
"Mako Flus": não tenho dinheiro
"Rahuia": crachá
"Bira": cerveja
"Sayara": automóvel
"Tayara": avião
"Cheriquia brasilia": empresa brasileira
"fok fok": fazer sexo

COMO UM PURGATÓRIO

Quem imaginaria que um acampamento de beduínos, com barracas de lonas esgarçadas, um cenário duramente primitivo, se tornaria point para alguns dos brasileiros no Iraque? Por volta de 1986, 1987, uma turma "descobriu" por lá um lugar chamado Divaniah. Ficava no deserto da Babilônia. Ali viviam mulheres desprezadas pela cultura conservadora local. Algumas haviam sido acusadas de ter traído os maridos, outras eram prostitutas, filhas de prostitutas. Com base nas leis do Islã, tinham cometido algum desvio de conduta sexual. Era uma espécie de área de isolamento. Meio que confinadas. Renegadas moralmente. E as famílias, o que incluía homens, muitas crianças, eram obrigadas a partir juntas para esse fim de mundo.

Não era difícil entender como parte dos funcionários brasileiros foi parar por lá. A relação do peão com prostíbulo é uma coisa a ser estudada. Toda obra com acampamento no Brasil tem uma zona por perto. Mas no Iraque, a prostituição era considerada crime, até com risco de pena de morte para a mulher. E, em se tratando de sexo, não era raro enfrentar situações bizarras com os trabalhadores nos alojamentos: bonecas infláveis que, mordidas, às vezes teriam de passar pela borracharia para um remendo no pescoço. Ou proprietários locais de ovelhas cobrando indenização por ataque sexual após flagrantes no meio do deserto.

Fato é que um grupo de brasileiros descobriu o tal Divaniah e passou a frequentar nos fins de semana. Havia quem chegasse lá de carro, mas por um período a própria Mendes, em operações que imagino ter envolvido algum caráter clandestino, providenciou ônibus para a turma se deslocar até lá. Talvez com outra rota inicialmente programada, vai saber...

As descrições eram tão deprimentes, que o próprio peão acabou desistindo. As mulheres não se lavavam, e atendiam alguns em fila. Para piorar a cena dantesca, ficava uma criança ou um parente maior no quarto, às vezes, um irmão. No dialeto Mendês, era o "fok fok". Aos poucos, pararam de frequentar, e os relatos só confirmavam o estado de podridão a que aquela pobre gente era submetida. O lugarejo ficava no meio do deserto. Uma sujeira tremenda, lixo, esgoto às claras. Nenhuma população por perto, sem estrutura, sem nada.

As mulheres com aquelas roupas sobrepostas, modelo nômade, esfarrapadas. Uma tristeza de dar dó.

ENGENHARIA NAS VEIAS

"Filho de engenheiro, engenheiro é…" A máxima não passa de uma máxima. E meu pai, Sinfrônio Torres, Seu Fão, de engenheiro só tinha o sonho. Era, sim, um dedicado dentista. Mas foi dele e de tios e irmãos que herdei a paixão pela engenharia. E desde a meninice, ali pelos 13 anos. O meu pai, na verdade, era uma espécie do que se poderia chamar, com uma dose de carinho, engenheiro frustrado. Na época em que estava para fazer o curso superior, ali pela década de 1930, a política fervilhava no Brasil. Ele já vivia em Ouro Preto, cursando engenharia civil, quando estourou a Revolução de 32. Às pressas, teve de voltar para Bambuí. Qual era a missão? Defender os Torres, com militância histórica na cidade. Ao voltar, largou a escola e não retornaria mais para Ouro Preto. Depois, indo para Belo Horizonte, planejava cursar medicina, mas acabou se formando em odontologia.

O que sei é que permaneceu a paixão pela engenharia. E, com naturalidade, a passou para os filhos. Três irmãos acima de mim já estudavam engenharia civil: Benoni, Benício e Antero. Depois, dois abaixo de mim também estudaram. Então, somos quatro engenheiros civis, um elétrico e outro de minas e metalurgia, o mais velho. Isso me despertou. Esse meu irmão mais velho, apesar de estar estudando engenharia de minas, gostava de replicar obras de engenharia civil. Tinha um jeito muito caprichoso de fazer. Certa vez, no quintal de nossa casa, moldou uma ponte de concreto direitinho. Fez as lajes, a argamassa. Naquela "aulinha prática", nos mostrou, usando arame, como se colocava o ferro, as armações. Era uma maquete com um realismo impressionante.

Sonhando com a engenharia, passei a juventude em Bambuí, o que só me traz boas recordações, mas tive de partir para Belo Horizonte em 1972 para a complementação dos estudos. Assim, o então chamado terceiro ano científico acabou sendo feito no disputadíssimo Colégio Estadual Central. Como foi apertado! E tudo uma novidade espantosa para quem nem tinha chegado aos 18 anos. Na capital, fui morar na casa de um tio, irmão da minha mãe, Alberto Teixeira, também engenheiro, que havia sido diretor da Escola de Minas de Ouro Preto – seguindo os passos de outro tio engenheiro, o Salatiel Torres. Ele vivia no Bairro Mangabeiras, região Centro-Sul, numa das primeiras casas da rua Mata da Corda, 240. No fundo corria um curso d'água. Era um tio muito bom, mas, à maneira dele, um tanto sistemático. Talvez aí a razão de eu não dormir nos quartos internos da residência, mas numa área na garagem.

Eu não entendia as razões, mas também não perguntava, até porque era um favor a ser agradecido. Em resumo, dormia e comia por lá.

Foi sob esse ambiente e meio que aos trancos e barrancos na conclusão do científico, que prestei o vestibular para a UFMG, com aquelas provas nas arquibancadas do Mineirão. Não passei, mesmo tendo reforçado a preparação num cursinho. Sem a Federal, uma das opções entre as particulares era a Fumec. E, claro, fiz festa e celebrei ao ser aprovado por lá. A escola funcionava na vizinha Contagem. Era o xodó de um grupo de professores da UFMG. Criada por eles, que tinham realmente aquele desejo de ensinar a engenharia, vamos dizer, mais focada do que no ensino público. Ali eu dei o melhor de mim, e com esforço redobrado. Era um período muito difícil em termos financeiros. Meu pai sem condições para mandar dinheiro. Às vezes, meus irmãos me ajudavam. Foi uma época em que passei, literalmente, a pão e água. E não é força de expressão. Em certas noites, eu comia pão e bebia água para poder "inchar" e dormir sem fome.

Fiquei no quartinho do meu tio até meados de 1972. Eu pegava o ônibus Mercedes que subia a avenida Afonso Pena, um monobloco daqueles compridos. Acima da praça Milton Campos, já nos limites entre o bairro Funcionários e o Mangabeiras, ainda era só paralelepípedo. Me recordo das linhas de transmissão de energia cruzando esse trecho rumo ao Centro. Mesmo com a vida muito difícil, preferi me despedir dali. Passei a morar em repúblicas. A primeira foi no início da rua Grão Mogol, número 290, no Carmo, quase em frente ao Clube Recreativo. O dono do apartamento era pai de um grande amigo, também gente muito boa, o Gabriel José de Campos Júnior. Lá morávamos eu, ele, o proprietário, o irmão dele, o Chico, figura sensacional também, além do Antônio Lopes, outro colega. Um de meus irmãos, o Antero, se juntaria a nós depois. Com um esforço tremendo, a gente dividia as contas por lá.

Mesmo vivendo em Belo Horizonte, não perdi os laços com Bambuí. Havia uma ligação profunda tanto com a família quanto com meu grupo de amigos. Então, eu ia pelo menos uma vez por mês à minha terra natal. Eventualmente, de ônibus, mas de carona na maioria das vezes, principalmente com o Beto e o Luiz, da família Cardoso. Carnaval, exposição agropecuária, éramos nós na estrada. Num Fusquinha azul, tala larga. Umas três horas e meia naqueles 286 km. Boa parte da turma havia migrado também para BH, onde a gente se via com frequência. Eu adorava uma farra, não que significasse bebedeira (não era meu forte), mas por tudo o que representavam aqueles encontros. Um carinho mútuo extremamente profundo. Uma das coisas que me tocam na vida é não ter tido chance de manter isso. Claro, a gente não pode abraçar o mundo, mas como daria tudo pra ter vivido a chance de tê-los reencontrado em mais circunstâncias.

Este livro é também uma maneira de conversar com eles. A vontade é um dia poder reuni-los e dizer: "Olha, não deixei de pensar em vocês em nenhum momento. Eu não sumi não".

QUANDO A MORTE VIRA DETALHE

Eu fecho os olhos e até hoje vejo a cena chocante. Mortos. Mortos. Mortos... O mais próximo que estive do campo de guerra no período de conflito com o Irã talvez tenha sido na obra do Sifão, em Nassyria, onde a Mendes mantinha um projeto gigantesco de bombeamento do Rio Eufrates. Bem próximo à fronteira. Os checkpoints por ali eram mais rigorosos. Lá, o acampamento tinha mais proteção militar. Os brasileiros lotados ali viviam muito mais tensos do que a gente. Numas quatro idas ao Sifão, era sempre um movimento intenso de tropas.

Ainda que o trecho da ferrovia fosse bem mais distante da área de conflito, não era raro nos deparamos com algum cenário que remetesse à guerra. Ou aos efeitos dela. Não só conheci pessoas que morreriam em combate, ou que perderiam familiares, como cotidianamente cruzava com famílias, em geral, grupo de mulheres, num lamento doído pelo luto. Os caixões sobre os carros, como numa representação macabra de todo aquele drama...

Mas nesse período não houve nada mais tremendamente espantoso do que um episódio no km 30, próximo a Bagdá. Estávamos fazendo por ali um concreto para uma ponte. Fui para a frente de serviço acompanhar. Por volta do meio-dia, um calor infernal. Ao chegar, encontrei um punhado de peões na beira da ponte, todo mundo olhando com ar de desespero para baixo. Pelas expressões, já pressentia que se tratava de algo muito grave. Me aproximei, a boca já secando. Abaixo, havia um caminhão basculante estacionado. Cheio de corpos!! Tudo desmembrado. Cabeça, pernas, braços. Por sinistra ironia, era como se estivesse se protegendo na sombra da ponte.

A gente observando, entre um silêncio até respeitoso e o falatório de quem simplesmente se recusava a crer que aquilo era uma cena real. Um tempo depois, o caminhão manobrou. Fomos acompanhando seus movimentos com um suspense angustiante. Ele circulou, parou um pouco mais à frente na lateral, adentrando o deserto. E fez, literalmente, como fazem os veículos que servem a aterros sanitários. Despejou aquela infinidade de corpos sobre a areia. A uns 50, 60 metros da estrada de serviço. Veio uma pá carregadeira e finalizou o "enterro" daquela pobre gente. Uma cova coletiva, cuja imagem me deixaria em estado de choque, impressionadíssimo.

E em guerra há também toda uma simbologia. Como me esquecer, por exemplo, da imponência dos mísseis antiaéreos soviéticos, do tipo Scud? Coincidentemente, adaptados por uma empresa brasileira, a Avibras, para não serem somente uma arma de lançamento e, sim, teleguiados. De longe a gente os avistava em Husaiba, onde estava instalada uma fábrica de beneficiamento de fosfato – que eu duvido que fosse fosfato (desconfio de beneficiamento de urânio). Eles armados no entorno, em barreiras a aproximadamente três quilômetros da estrada de serviço que usávamos. Um dia, tirei uma foto. Me tremia de medo, porque assumi o risco de cadeia e deportação.

Muitos desses pontos estratégicos eram próximos de nós. Assim como a refinaria em Haquilanya. Baterias antiaéreas por vários lugares, aqueles soldados distraídos, sonolentos com suas metralhadoras antiaéreas .50 e os fuzis AK-47, os Kalashnikov.

E não foram poucas as vezes que vimos os Mirage, de origem francesa, chegando até uma base para carregar mais armamentos. Num espaço de umas duas horas, uns dez aviões, que saíam plugados com os mísseis de cor laranja sob as asas. E era amargamente bonito acompanhar os pousos daqueles caças, com a abertura de seus paraquedas coloridos para auxílio da frenagem, mas doía pensar sobre onde haviam sido disparados os mísseis... Quantas vidas eliminaram?

Durante o primeiro período que passei no Iraque, de 1982 a 1987, convivi diariamente com esse clima de guerra. Era uma sensação inexplicável, porque dava a impressão de estarmos numa realidade paralela. Víamos cotidianamente os deslocamentos das tropas do Exército. E nos perguntávamos até que ponto estávamos de fato seguros.

Tanto a fábrica de fosfato, Sibetra, quanto a mina de Akashat, última estação da ferrovia, no km 480, sempre me despertaram suspeitas. Em ambas, os trilhos não chegavam aos seus interiores. Empresas "secretas" construíam o complemento ferroviário até lá, onde eram estacionados vagões e vagões com uma substância que diziam ser o fosfato. A resposta às minhas curiosidades veio depois do meu regresso ao Brasil, quando pude ter acesso às informações que apontavam a mina de Akashat, 420 km a oeste de Bagdá, como centro de produção de minério de urânio para fins radioativos, cujo processamento se dava em Sibetra.

BANHANDO OS PÉS NA VELHA MESOPOTÂMIA

É certo que não havia tempo o bastante para outra coisa que não fosse trabalho, mas estar ali no Iraque era também uma espécie de mergulho na história. Pisar o trecho que é considerado um dos berços da civilização, parte da antiga Mesopotâmia, dava um certo ar de deslumbramento. Era assim que eu olhava para o Rio Eufrates. Fui várias vezes até ele. Em algumas ocasiões, hospedado numa casa de visitas destinada a diretores da construtora. Uma vista maravilhosa. Mas não cheguei a pescar nem nadar. Água bem limpa, aquele azul tão próprio, e manso, por causa do relevo. Bastante diferente dos nossos rios, que são de coloração barrenta.

Conheci toda a extensão dele, desde quando se encontra com o Tigre, em Bagdá. Bem largo. Às margens, nas várzeas (que eram poucas), plantação de legumes. Tâmaras havia demais. Acima, da área próxima ao km 280 até a fronteira com a Síria, o rio já muda o perfil, correndo numa espécie de vale, mas o curso não é muito acidentado.

Toda a água que supria os acampamentos da Mendes Júnior e a usada para os trabalhos na ferrovia ou rodovia vinha do Rio Eufrates. No caso do trecho ferroviário, havia uma linha de 60 km, servida com bombas. De vez em quando, isso redundava em problemas, alguns até graves. Imagine um beduíno com seus camelos passando num lugar ermo, com água disponível. Claro, destroçava o que havia de proteção para se servir. E assim faziam residentes vizinhos ou pessoas do próprio Exército iraquiano. Então, havia sempre uma equipe de monitoramento nesses locais. Daí, ocorreu um episódio muito doloroso. O filho de um dos encarregados, de 16, 17 anos, foi colocado como vigia de uma dessas estações. Ao tentar impedir o acesso de um estranho, acabou sendo morto. Um baque tremendo.

Embora não se justificasse, situações assim eram síntese do calor, que por lá figurava na casa dos extremos. A sorte é que as casas do acampamento, que eram containers, tinham ar-condicionado. No período de minha chegada, a temperatura estava na faixa de uns 40, 45 graus, mas monitorei (em função das normas de trabalho) até espantosos 58 graus. E seco. Curiosamente, é mais cômodo que o calor que a gente conhece no Brasil. Não há suor. Nem jogando bola. A sensação de fornalha, porém, é avassaladora – e sem direito a siesta, que era até comum entre os árabes.

E mesmo em folga no acampamento central, o 215, havia desconforto até no lazer no clube. O futebol a gente jogava pela manhã, no máximo até umas 10 horas, quando o termômetro batia nuns 35 graus. E nas saídas para os trechos, obrigatório levar água. Enchíamos aqueles galões, tipo uma garrafa térmica, que a gente chamava termo. E dá-lhe gelo! A sede era enorme. Parando em qualquer lugar, completávamos o recipiente. Faltar água ali era castigo.

Já a transição para o outono é muito similar à brasileira. Nenhuma nuvem no céu, uma temperatura parecida com a de verão, uns 40 graus, mas caindo para uns 30 à noite. Em compensação, o inverno caminhava de novo para os extremos. Um dia mais curto, o sol saindo lá pelas 8 da manhã. E, por volta das 5h30 da tarde, escurecendo. E muito, muito frio. Uma sensação térmica absurda, mesmo com 8, 10 graus, já que ventava barbaramente. Às vezes, na saída para o trabalho, algo como 6 da manhã, termômetros nos 4, 5 graus, a água estava congelada. O carro não funcionava. Havia gelo no para-brisa. E mudava muito a rotina do trabalho. Pelas especificações, aí só se podia fazer concreto em temperaturas a partir de 5 graus, ascendente.

Ao mesmo tempo, para se proteger era muito difícil. Nem tínhamos roupas adequadas. Eram das que usávamos no Brasil. Eu sentia falta de um cachecol. O vento era cortante. A saída era comprar casacos em Bagdá. Por um período, chegamos a adquirir dos chineses, que tinham frentes de obra por lá. Um casaco azul, muito confortável, com gola mais alta, que protegia bem. Só que era preciso tapar o emblema da China. Era sintético, forrado, cheio de costura. Mas, ainda assim, o frio incomodava. Subir numa ponte, como tive de fazer várias vezes, era de bater o queixo.

E, paradoxo, tendo chegado num verão tipo boca de forno, foi no Iraque que pela primeira vez vi neve na minha vida. Era um dia em que fazíamos um concreto numa plataforma de estação, entre 7 e 8 da manhã. No caminho, começou a nevar. Que coisa linda! O deserto com aqueles flocos sobre a areia. Era um contraste. Isso resultava, mais adiante, no aparecimento de um pouco de vegetação bonita, como uma grama com umas flores amarelas. Era a papoula, espécie nativa.

ÁGUA DE FAZER MEDO

Inverno por ali era sinal também de chuva. Mas com um perfil muito próprio. Não havia aquele fenômeno de o tempo se fechar. De uma hora para outra, começa a chover meio que do nada. Se lá me debutei em neve, me debutei igualmente na tal cabeça d'água. Nesse dia, nós estávamos trabalhando na estrutura de uma ponte. Todo o trecho dos 450 km de ferrovia era praticamente plano. Ocorre que ao longo dele ficavam os wadis, os vales, não muito profundos nem muito largos. E isso demandava muitas pontes. Eram 84, quase o equivalente a uma a cada 5 km. E para produzir os agregados para o concreto ou o asfalto, tínhamos centrais de peneiramento instaladas nesses wadis. Era dali que se extraía o cascalho. A primeira, Jabiryha, próximo à fronteira com a Síria. A segunda, Horan, perto do acampamento do km 215, e a terceira, Melancia, junto à cidade de Ramadi.

A areia utilizável para concretagem, por mais estranho que pareça, era rara no deserto, e somente se extraía com a lavagem do material fino do fundo dos vales. E do peneiramento retirávamos as pedras maiores, para serem britadas e usadas no asfaltamento. Esses wadis eram o caminho natural das águas pluviais. Passavam por eles volumes inacreditáveis. Eram áreas que, após esses períodos, serviam ao cultivo de trigo e cevada. Ermos. Silenciosos. A ponto de lá se poder encontrar alguns "ermitões", como o velho Gonçalo, brasileiro, em Jabiryha. Papo de primeira. Morava nessa área de peneiramento e não saía dali para nada.

Na estrutura de uma das pontes estávamos fazendo o reforço dos pilares, o rip rap, aterro de encabeçamento para evitar erosão. Numa de minhas idas, tudo estava seco e sem a menor indicação de chuva. Qual nada! Pipocou no rádio o alerta: "Tirem os equipamentos, tirem os equipamentos, porque está descendo uma cabeça d'água!!". Corremos. E retiramos o que pôde ser salvo. E pouco tempo depois, escutamos um ruído gigantesco, como se fosse um trovão. Em minutos, pudemos enxergar distante um volume de água descendo como se fosse uma avalanche, carregando tudo o que havia no caminho. Pedras gigantes. E o solo impermeável potencializava aquele turbilhão. Não houve como retirar todos os equipamentos. Assistimos àquilo numa frustração e desespero de quem se via impotente. Muitos se foram wadi abaixo. Só recolhemos a quilômetros de distância.

Tiramos rapidamente carregadeira, gerador, vibrador, mas não tivemos tempo para o compressor de ar. Ficou bastante danificado. O fenômeno, comum por lá, era impressionante. Água barrenta, misturada com pedras e vegetação rasteira, trazendo tudo o que havia pelo caminho. Um barulho ensurdecedor que se anunciava uns quinhentos metros antes de chegar.

A AREIA SUBIU AOS CÉUS

Em meus sete anos de Iraque, acabei conhecendo de perto o que estava no imaginário de muitos de nós, imortalizado em cenas de cinema: as tempestades de areia. Assustadoras! Enfrentei várias. Dentro e fora do acampamento. Duravam até dois, três dias. Uma das coisas mais impressionantes entre os fenômenos naturais que testemunhei. Sem nuvem, céu azul, era possível perceber os sinais com a mudança de vento. A sensação de calor se extremando. Eram as "digitais" do Mohamed (não sei por que a razão desse apelido, talvez simbolizando a revolta do Profeta).

A gente se preparava. Se estivesse na estrada, procurava um acampamento mais próximo. Havia quem se arriscasse. O detalhe curioso era como aquilo se formava. No céu azulado, ela vinha alta, cobrindo tudo, como se estivesse rolando. Gigantesca! Se estávamos no acampamento, fechávamos as janelas e, mesmo protegendo com papel, entrava areia por qual fresta fosse. Aquela crosta de poeira visível na ponta dos dedos.

E várias tempestades me pegaram no meio da estrada. Dava desespero, claro, porque se perdia a direção. Era impossível enxergar dois metros à frente. Mas a sorte, nesse caso, é que usávamos geralmente a estrada de serviço, dedicada ao uso do trabalho, paralela à ferrovia, e isso facilitava. Havia uma noção mais precisa de rumo, margeando os trilhos. Ainda assim, o cuidado era redobrado. Às vezes, ficava impraticável.

A TEMPESTADE DE AREIA FOI UM DOS FENÔMENOS MAIS INTRIGANTES E ASSUSTADORES QUE JÁ PRESENCIEI

Há histórias de colegas que se perderam. Entraram numa estrada achando que estavam indo para um lado, mas, na verdade, estavam seguindo para outro. Desorientador. E a tempestade de areia era um tormento também para as frentes de trabalho. Em situações assim, tudo parava. Numa obra, por exemplo, se o concreto estava muito fresco, ainda sem a cura, ele se sujava todo. Era preciso lavar com compressor. Tivemos episódios assim, como numa laje de uma plataforma.

Naquela época, não havia muita precisão nos serviços de meteorologia. Mas o povo de lá sabia do fenômeno quando vinha o vento oeste. Os nativos conheciam os prenúncios. "Já vem o Mohamed aí", alertavam. E não demorava a surgir como se fosse um rolo. Em minhas temporadas no Iraque, vi, no mínimo, umas trinta tempestades. Várias me pegaram em campo aberto, dirigindo, porque havia um intervalo muito grande entre alguns dos acampamentos em termos de quilometragem. Pelo rádio, a turma espalhava o alerta. Nesses casos (felizmente, jamais ocorreu à noite), ia pianinho ao volante, rezava, tentava me manter no rumo certo.

AH, PÁSSARO LADRÃO...

É natural que você imagine que vá se deparar com situações inusitadas num lugar como o Iraque. Mas ser colocado numa saia-justa por um corvo eu jamais havia pensado. Na realidade, acho que eu nunca tinha visto um corvo.

Era surpreendente como eles eram atrevidos. Circulavam entre as pessoas com uma tranquilidade inacreditável. No clube do acampamento, por exemplo, ficavam zanzando de lado para o outro, sem se incomodarem com nossa presença. Já tinham mergulhado em mesas para pegar tampinhas, tinham tentado levar objetos metálicos... A gente brincava que, fazia tanto calor, que eles ficavam com uma asa presa e outra abanando.

E apareciam muito à beira da estrada, em bando. No verão, temperatura acima de 50° C, eles se agrupavam ao lado da rodovia aguardando ali a morte de pequenos insetos atingidos pelos veículos, para se alimentar. Na aproximação dos carros, voavam numa destreza impressionante. Creiam, ainda me pregariam uma peça que viraria folclore.

COM MINHA FIORINO EM ÁREA DE BRITAGEM DEDICADA A UMA
DAS CENTRAIS DE CONCRETO QUE COORDENEI

Numa ocasião em que iria sair para o trecho, umas 6 da manhã, a picapezinha, o Fiat 147, estava com o pneu furado. Lamentei, mas não havia o que fazer, a não ser trocar. Coloquei a chave sobre a capota, sabe-se lá o motivo, e fui fazer a troca. O estepe era na frente. Abri o capô, coloquei o macaco. Do nada, escutei aquele barulho de atrito de metal. Imediatamente, vi um corvo com a chave no bico. Caramba! Minha chave!!! Voou pro lado, se afastando. Fiquei observando. Foi até o topo de um morro. Fui me aproximando, para ver se chegava até lá, mas o pássaro partiu e a chave do carro foi embora com ele…. Minha sorte era estar ainda no acampamento central. Pedi socorro. A turma morreu de rir. Foi uma piada. Não tinha chave reserva. O mecânico foi lá e resolveu no improviso.

Nunca havia visto presencialmente essa espécie de pássaro, somente em histórias de quadrinhos, como a falante dupla Laércio e Perácio, corvos de estimação da sedutora, amoral e ameaçadora bruxa Maga Patalógica, criada pelo americano Carl Barks para os desenhos de Disney. Uma personagem fictícia do universo de Patópolis, que constantemente tenta roubar a Moeda Número 1 de Tio Patinhas. Claro, ela sempre conta com a colaboração dos corvos para essa missão.

Minha relação com eles não era gentil. Para mim, o corvo representa o profano, o diabo, espíritos malignos, o malandro, o ladrão, guerra, destruição, morte e vazio.

Nem mesmo o macabro "O Corvo", poema do americano Edgar Allan Poe, um dos mais conhecidos e traduzidos de todos os tempos e que fora transcrito para a língua portuguesa por nada mais, nada menos, que Fernando Pessoa e Machado de Assis, me seduzia.

NA ESTEIRA DO RAIO-X, UM HOMEM

O vínculo de confiança institucional dentro da Mendes Júnior acabou me levando também a ser designado para liderar algumas viagens de funcionários vindo do Iraque ao Brasil. Os episódios, além de nos deixar de cabelo em pé, tinham um quê de comédia pastelão. Não existia uma determinação formal sobre quem iria ser líder dos grupos, mas, em geral, recaía sobre o funcionário mais graduado.

Deveria ser simples, mas nem sempre era. Viajei liderando umas três vezes. O departamento administrativo cuidava da burocracia das passagens e, antecipadamente, me avisavam que eu iria liderar. Em Bagdá, havia uma figura local que ajudava, o Abdel Ramid, iraquiano. Ao embarcar, procedíamos ao check-in todos juntos.

No aeroporto novo, inaugurado ali por volta de 1984, ficava mais ordenado para os procedimentos. Depois da checagem, passavam os cartões de embarque para mim. No momento de entrar, eu os redistribuía. Eram, em média, de 15 a 20 pessoas, algumas de férias, outras em final de contrato. Em todo país para o qual a gente embarcava em caso de conexões via Europa, havia os formulários de entrada. Como muitos desses trabalhadores não tinham costume com esses protocolos, praticamente a metade eu acabava tendo de preencher.

No desembarque, geralmente havia um representante da empresa aérea, o que facilitava o transfer para o hotel. Ali eu recolhia os passaportes de todos e preenchia o check-in para parte deles. Uma das coisas que a gente falava para a turma era sobre a bebida: "Tudo o que vocês beberem vai pra conta de vocês. O que gastar do frigobar, a empresa não paga". Ao irem para o quarto, já recebiam um voucher para o almoço, bancado pela companhia aérea.

Mesmo a gente avisando, muitos consumiam produtos do frigobar, de cerveja até uísque. No momento do check-out, apareciam os pepinos. Aí, sobrava... O sujeito tinha bebido para valer. Cerveja, então, era uma loucura. Eu tinha de ir ao ônibus chamar o camarada para acertar. Nem sempre tinham o dinheiro. Daí, era eu quem pagava. Nem havia como contabilizar isso para a Mendes: US$ 20, US$ 30.

E essa parafernália se desdobrava nos voos. Como naquela época a bebida era liberada nos aviões, a turma tomava tudo o que tinha direito. Aí, o papel de coordenador virava fumaça. Já era impossível controlar o grupo. E muitos falando o Mendês. Madame acku bier (Tem cerveja?). Depois da bebedeira, era cantoria, truco na aeronave, uma falação de fazer dó. E nos sinais de turbulência, era um suplício recolocar a peãozada na cadeira.

Mas um dos episódios mais curiosos dessa minha função de líder foi em Londres, voando pela British Airways. Chegamos e embarcaríamos no dia seguinte. Mesmo esquema. Aeroporto, hotel, hotel, aeroporto num ônibus cedido pela companhia aérea. Dessa vez havia muita gente pouco acostumada com viagens.

Rumo ao embarque, todo o grupo alinhado, formamos uma fila. Tínhamos de passar pelo raio-x. Na frente, um rapaz estiloso. Chapéu, bota, conversador. Falando o "Mendês" e achando que todo mundo entendia. Levava uma malinha pequena na mão. A responsável pelo raio-x pedindo que seguisse adiante, ele parou, titubeou, colocou a mala na esteira e ficou olhando. De repente, subiu sobre a esteira, ajoelhou sobre a mala, estendeu o corpo e passou com bagagem e tudo pelo raio-x. A mulher deu um grito. O grupo caiu na gargalhada. Logo apareceu a polícia. Aquele corre-corre. O duro era explicar para os policiais que não havia maldade ou desrespeito naquilo. Veio a senhora da British para ajudar e eu tentando argumentar: "Ele não fez isso de propósito. Não foi nenhum desacato ou provocação". E eles irascíveis: "Mas se ele está aqui, já viajou pra fora do seu país e sabe as regras". E eu ponderava: "Pois é, mas só viajou uma vez e em grupo, partindo do Galeão diretamente pro Iraque". A representante me ajudou, eu citando a Mendes Júnior, os projetos no Iraque, o tipo de mão de obra recrutada. Os policiais se deram por convencidos e nos liberaram.

Em outra de nossas idas, também por Londres, um dos passageiros causou mais um alvoroço. A bagagem tinha um lote de polvilho azedo. Era reservado para fazer pão de queijo no Iraque. Mas como explicar aquilo para os agentes no aeroporto? Ele trabalhava na controladoria.

Muito bom de serviço. O fato de ser negro, por discriminação, talvez tenha contribuído para o alarde da vigilância. Até explicar que o Tito levava só polvilho...

Numa terceira ocasião em que estava de líder, dessa vez na Alemanha, eu com todos os cartões de embarque, um dos passageiros simplesmente sumiu. Era um técnico de superestrutura. Procura daqui, procura dali, nada. E a gente se perguntando: "Como é que vamos achar esse cara?". E, pior, ele não falava inglês. Voltei um pouquinho à área de desembarque, expliquei que o procurava, mas os controladores não permitiram que ficássemos por ali.

Qual foi a solução? A única possível: chamar pelo alto-falante. Procuramos uma central e pedimos que anunciassem. Mas se ele não falava inglês, como fazer? Pensamos numa saída prática. Além de convocar pelo nome dele, indicamos algo que tivesse similaridade com o português. E escolhemos um ponto que não fosse muito diferente da nossa língua. Sugerimos um café, cuja pronúncia em inglês era próxima. Ufa, deu certo!

E numa missão em que eu não estava na liderança, houve uma circunstância para lá de constrangedora na Dinamarca. Saímos do Iraque e desembarcamos em Copenhague. A SAS, companhia escandinava, tinha um hotel maravilhoso, com a mobília toda branca. Era um contingente grande. Passaríamos uma noite. No momento de embarcar rumo ao aeroporto, a gente já no ônibus, chega um funcionário do hotel: "Sinto muito, mas terão de esperar. Está faltando o aparelho telefônico de um dos quartos". Aquele espanto todo. "Vocês não poderão sair daqui até resolvermos o problema". E daí se levanta a mulher de um engenheiro, toda cheia de melindres, com o aparelho nas mãos. "Ah, me desculpem, achei que...".

APRENDER COM O OUTRO, UMA SENHORA LIÇÃO

Ser apresentado a costumes e culturas diferentes em um acampamento ou canteiro de obras era um exercício constante de compreensão e respeito. Mais do que isso, aprendizado. Muitas coisas soariam incompreensíveis e inimagináveis para um jovem que chegou ali aos 26 anos, criado com toda a rigidez no interior de Minas Gerais, com suas crenças religiosas e costumes interioranos.

Antes de embarcar, tomei o cuidado de fazer uma leitura mais minuciosa sobre Mesopotâmia, Babilônia, sobre a importância de rios como o Tigre, o Eufrates. Mas as questões culturais são de uma complexidade que estão para bem além dos livros. Vestimentas como as túnicas, a burca (que não era obrigatória), o estilo arquitetônico, tudo era novo. E o aspecto religioso soando forte desde o primeiro momento. Todos os cumprimentos, as frases, começam com "Deus", sendo iniciadas com *Salamalek* (Deus te abençoe, que Deus esteja convosco), *Feemalá* (Fique com Deus) e *Inchalá* (Se Deus quiser).

Já no primeiro dia de trabalho, além de iraquianos, fiquei conhecendo vários árabes de outras nacionalidades. A maioria era egípcia. Sempre me interessei pela língua local, pelos costumes do lugar. Havia um segmento da população um pouquinho mais ocidentalizado. Rumo à fronteira com a Síria, eram mais ortodoxos, a maioria sunita.

Como no verão trabalhávamos no período noturno, as particularidades da fase do Ramadã logo me impactariam. Por exemplo, comer só entre o pôr e o nascimento do sol. Eram várias refeições ao longo da noite. Todos tinham o seu retiro para orações. Sempre acompanhados de uma bicazinha de plástico imitando as antigas e um tapete. Lavavam as mãos, os pés, se purificavam. Cuidavam de fazer suas cinco orações diárias: a Oração da Alvorada (*Fajr*, em árabe), a do meio-dia (*Zuhr*), a da tarde (*Asr*), a do crepúsculo (*Magharib*), e a da noite (*Icha*).

Às vezes, quando tinham muito trabalho, chegavam próximo da frente de serviço e rezavam. A Mendes se relacionava muito bem com essas questões. Alguns dos funcionários paravam literalmente tudo naquele momento, mesmo que fosse um caminhão com concreto.

Nessa época, 90% dos motoristas das betoneiras eram turcos. Unidos ao extremo, defendiam-se de uma forma leonina. Incrivelmente dedicados ao trabalho. Uma das portas de entrada para o bom relacionamento era, no mínimo, aprender a falar 'bom dia' e 'obrigado' em outra língua. Me esforcei desde o início e isso foi recompensador – pessoal e profissionalmente.

A fé de cada povo demonstrada cotidianamente me levava a refletir sobre nossas crenças e costumes. Os mulçumanos, sunitas, xiitas, em suas orações diárias, seu radicalismo em considerar os outros como impuros, a rigidez das regras nos períodos de Ramadã. O espiritualismo dos indianos com suas preces aos deuses Vishnu, Shiva e Brahma, marcando a testa com suas cores. O cristianismo dos curdos, que mesclavam seu credo à ira contra os mulçumanos. O ateísmo dos chineses. Tudo, de alguma forma, mexia comigo.

Fazia me lembrar do mesmo sentimento de respeito e serenidade vividos com o meu tão religioso pai, que tinha um gestual próprio no diálogo com Deus, batia forte no peito quando pedia perdão e elevava as mãos aos céus ao clamar ao Pai Nosso.

UM MÍSSIL SOBRE NOSSAS CABEÇAS

Pouco mais de um mês no Iraque e eu já havia perdido a conta das tantas vezes que me haviam perguntado: "Você já foi a Bagdá?". Finalmente, beirando os cinquenta dias por lá, fui. Para um brasileiro que jamais havia viajado ao exterior, era uma cidade um tanto diferente em termos arquitetônicos. Nas cores, nas formas. Passei no escritório da Mendes, que ficava num bairro elegante da região Sul, ao lado do edifício do Ministério das Comunicações, que anos mais tarde seria atacado na Guerra do Golfo. Uma casa boa, mas muito mal acabada. Lá tínhamos a diretoria administrativa e parte de setor pessoal, que cuidava também de passaportes e vistos.

Era uma experiência que, à primeira vista, pedia novas incursões. Não demorei a voltar, agora com colegas. Éramos quatro. Aí, sim, com um motorista de guia, passamos por pontos de visitação, como a mesquita mais tradicional, a Abu-Hanifah, a avenida em frente ao palácio residencial de Saddam Hussein, onde havia duas espadas se cruzando, formando um arco.

À exceção daquilo, não havia nada muito interessante na capital. Talvez o Suk, um mercadão de lojinhas e barracas com coisas maravilhosas, já em direção à saída. Muito tapete bonito (comprei belíssimos), muita joia admirável. E uma infinidade de especiarias.

Mas era tenso, muito tenso, ir a passeio ou a trabalho a Bagdá, que passei a frequentar umas duas vezes por mês para reuniões executivas. No ano seguinte ao meu começo por lá, explodiu um míssil iraniano num dia em que eu estava na região. Em várias ocasiões, já tinha escutado sirenes de alerta. Daquela vez, vieram as sirenes e um estrondo ensurdecedor. Um barulho como se rompesse a barreira do som. Eu me encontrava no escritório da construtora com o pessoal da área comercial, no bairro Al Mansur, reunido com o Carlos Pitella, diretor comercial. Foi uma correria louca. Um desespero. Saímos da residência comercial ainda a tempo de ver os sinais de fumaça da explosão. O míssil tinha ido na direção de um de nossos acampamentos, que ficava no lado noroeste. Era o caminho que iríamos tomar. Iríamos. Em meio ao pavor, não tive dúvidas. Tomei o rumo em outro sentido, indo para o acampamento do km 215. Naquela noite, outros mísseis cairiam na região de Bagdá.

Pelo percurso, barreiras militares. Eles revistavam os veículos, pediam documentação. Máquina fotográfica era item expressamente proibido. A ponto de dar cadeia. Bebidas fatalmente terminariam em problema. Nessas inspeções, chegava a surpreender o improviso de alguns militares do Exército. Sem capacete. De chinelo. Tínhamos sempre de nos explicar: "cheriquia brasilia" (empresa brasileira).

O grau de tensão aumentava se houvesse mulheres no carro. Por lá, o trivial, vá entender, era que andassem nas carrocerias das caminhonetes. Quando um iraniano via que havia mulher em nosso veículo, emparelhava e ficava batendo palmas, no sentido de reprovação, de uma maneira agressiva. E havia um arraial que a gente passou a chamar "levanta saia". Seguindo da ferrovia para a rodovia que a Mendes construía, a Express Way, a trabalho ou para visitar amigos, meninos adolescentes ficavam à espreita: havendo mulheres a bordo, levantavam as túnicas para exibir as partes íntimas.

NUMA FOTO FEITA CLANDESTINAMENTE, A SILHUETA DOS MÍSSEIS SCUD: UM PAÍS EM ESTADO DE GUERRA

COMER OU NÃO COMER? EIS A QUESTÃO

Um país fala muito também por meio de suas representações gastronômicas. Mas como interpretá-las se, literalmente, sempre fui filiado aos clubes dos chatos para comer? Verdade é que, por costume meu, as comidas locais eu preferia não experimentar. Em minhas viagens, procuro preferencialmente comidas relacionadas a algo que eu já conheça. Arroz, frango, batata. Quem convive com problemas gástricos me entenderia com perfeição.

De vez em quando, arriscava. Havia uma lanchonete em Bagdá que servia o chicken shawarma, o pão árabe enrolado, com recheio de frango picado, fatiado. Como um cone. Era muito gostoso! Eu levava para a turma e era uma festa. E me aventurei também num hotel local, o Rachid, que tinha um bom restaurante. Esse setor concentrava os bares, mas com acesso restrito. Num jantar, me foi servido um peixe do Rio Tigre. Um tipo que escolhi diretamente do aquário. Faziam o masgouf à moda local. Era um ensopado. Confesso que um prato mais bonito que saboroso.

À exceção do chicken shawarma, eu não comia mais nada por lá. Nenhum cardápio ou cozinha local me atraía. E era ilusão imaginar que fôssemos encontrar um Burger King, um McDonald's naquele tempo. Mas tâmaras, ah, havia em fartura. Em geral, desidratadas. Deliciosas!

Da carne protagonista local, o carneiro, educadamente mantive distância. Os pratos tinham o cheiro desagradável do animal, já que não extraíam a tal glândula crural. Eu não consumia, a não ser que fosse num churrasco.

Às vezes, a gente fazia Bagdá de ponto de apoio para ir a outras cidades. Como a trabalho ou para uma visita ao Lago Tharthar, o maior do país, um balneário. Fomos dali ainda às ruínas dos portais de Ishtar, em Jimijma. Uma decepção. Totalmente mal cuidado. Do Leão da Babilônia praticamente não restava nada mais. E a restauração do que havia restado daquilo que era tido como edificações do século VI (a.C), construídas por Nabopolassar, pai de Nabucodonosor, era muito malfeita. Para piorar, havia placas de cimento indicando: "Reconstruído na Era de Saddam Hussein". Uma coisa horrorosa.

MAS AQUELA COMIDINHA CASEIRA...

Há uma máxima de que, se quer mesmo conhecer o sabor dos pratos locais, experimente da comida caseira. Um dia, resolvi ir ao pé da letra. Um subempreiteiro de transporte e de equipamentos, Mister Zuhai, me convidou para almoçar na casa dele. Iraquiano, era o responsável por levar agregados da jazida para o peneiramento no km 350, na central de concreto, a CC1. Deixei os pudores gastronômicos de lado e fui. Temendo o que poderia encontrar, mas fui.

Era uma quinta-feira. Casa muito simples. Construção de pedra. Tinha um pátio interno com os quartos das mulheres. Eram cinco. Estavam à mesa ele e o filho. As esposas ficavam de longe, nos aposentos. Se apareciam, era de burca. Com delicada reserva, Mister Zuhai me contou das mulheres, que observavam de longe com gestos e risos de surpresa, e de como se tornou rico trabalhando para empreiteiras estrangeiras, comprando um caminhão, dois, até formar uma frota.

Foram servidos um arroz e uma batata cozida. Eles pegavam o arroz na travessa, faziam como uma bola e empurravam à boca com o dedão. Era a síntese da cultura local. Não deram talheres e não os pedi. Preferi respeitar os costumes. A exemplo deles, usei as mãos para comer. Havia também ovo frito e nele molhavam o pão. Pão serviam sempre, muito gostoso, por sinal. Farinha boa, feito no forno de barro. Massa fininha.

E a carne nesse dia foi.... carneiro. Jesus! Me esforcei, comi uma pequena parte. Mas o odor era horrível. Fiz cara boa, ainda que aquele gosto de sebo me soasse insuportável. Ao fim, e separadamente, o pepino. Comido como se fosse uma fruta. Vinha das plantações na beira do Eufrates. No desfecho, o arroto era uma demonstração de satisfação.

Nos acampamentos, para evitar algum tipo de estranhamento, existia uma cantina para cada nacionalidade. O kebab dos árabes, o charuto de folha de uva dos turcos, a singularidade da comida dos chineses e a feijoada dos brasileiros eram pratos marcantes.

VAI UM CACHORRO AÍ?

Mas nada foi mais exótico do que pular para o mapa gastronômico de um dos gigantes da Ásia. Mais no final de minha jornada nas centrais de concreto, tive uma experiência singular com os chineses. Eram contratados pela Mendes Júnior diretamente do governo da China.

Muito lentos, mas caprichosos. A maioria locada na ferrovia, dedicada à montagem dos trilhos. No acampamento do km 280, tinham um alojamento separado dos turcos e de outros estrangeiros.

Como eles não ganhavam nada nos moldes clássicos – os salários eram enviados diretamente ao poder central do país –, a gente eventualmente contratava para um trabalho em casa, tipo passar roupa, e pagava em dinar, a moeda iraquiana.

Na fase de entrega dos trechos ferroviários, lidei muitíssimo com esses asiáticos, que cuidavam da correção de itens como bitola, superelevação. Era uma tarefa meticulosa. Eles tinham um tradutor. Eu só sabia falar Nim Hao (Olá), e eles devolviam: "Nin Hao, Chifo" (Olá, chefe). O responsável pela tradução, um chinês, falava mal o português e quase nada de inglês. Eles todos com aquele uniforme azul escuro dado pelo governo. Eu conversava muito com esse grupo, e sobre várias coisas, incluindo comida. Nesses encontros, observava a destreza que nos parece estranha, a de comer com aqueles palitinhos, especialmente o arroz.

Eis que me convidam para almoçar numa folga de sexta-feira. Fui com minha então esposa, Maria, que era professora da escola do Pitágoras no acampamento no Iraque. Nós nos sentamos a uma mesa comprida. Farta e bem decorada. Estava disposto a ver e experimentar de tudo. Comemos bem. Vegetais, arroz (papento...), rolinho de primavera. Frango desfiado com grão de bico. Chegamos a um prato que era parecido com almôndegas, uma porção bem cozida, com molho de tomate.

Depois, comecei a perguntar para o tradutor sobre os pratos. Uau! Ele confirmou que aquele que lembrava almôndegas era, na verdade, carne de cachorro! Todos rindo diante da minha surpresa. Eram uns oito chineses à mesa. Cozido canino! Prevalecia mais o sabor do molho. A carne não tinha gosto extremo. Eu, no fundo, estava curioso se de fato serviriam algo assim. Se houvessem revelado, talvez eu tivesse provado.... Talvez não... Isso explicava a ausência de cães naquele acampamento.

Mas, por sorte, não apareceu nenhum escorpião. Nas fiscalizações dos serviços nos trechos entre o km 350 e o 380 cansei de ver a turma andando meio agachada pelo deserto. Com dois palitinhos, achavam as tocas e espetavam. Os escorpiões vinham ainda se debatendo. Eles jogavam numa latinha. E eu, em minha santa inocência e com cara de asco, perguntava: "Vocês comem isso?". Desconversavam. Anos mais tarde, em viagem à China, estavam lá os espetinhos de escorpião.

AH, CUIDADO COM OS COSTUMES!

Trabalhar com gente de tantas nacionalidades tinha um lado fascinante, mas também uma ponta de inquietação: afinal, comportamentos e gestos que seriam absolutamente normais para nós, brasileiros, poderiam ser sinais de grosseria, desrespeito ou até ofensa.

Eu mesmo me vi envolvido em episódios que, em nossa inocente naturalidade, carregavam uma simbologia incômoda para outros povos. Não foram poucas as vezes que recebi um tapa na ponta dos sapatos ao cruzar as pernas, especialmente em recintos públicos e escritórios. Diante de um árabe, mostrar a sola do sapato – considerada a parte mais suja do corpo – é um gesto ofensivo. Sem titubear, eles batiam com a mão na ponta do pé para que eu me realinhasse.

Em contrapartida, a afinidade entre os homens árabes caminhando de mãos ou braços dados, se beijando ao se cumprimentarem, me causava estranheza inicial. Era preciso estar aberto a compreensões que o mundo, mais à frente, tomaria como bandeira civilizatória: a diversidade em todos os seus sentidos. Da forma de se relacionar afetivamente aos credos religiosos (ortodoxos ou não), aos costumes e às vestimentas.

Tudo me fascinava. A roupa árabe, aquela túnica que os protege dos dias quentes e do frio do deserto. O turbante do qual pendia uma corda ou o modelo indiano, sob o qual se acomodavam cabelos jamais cortados. Da mesma maneira, as calças típicas dos homens curdos, que lembravam uma bombacha, e, principalmente, a burca usada por boa parte das mulheres.

E meus estranhamentos eram eventualmente confrontados com uma desconcertante espontaneidade. Como no caso de um motorista que me atendia no trabalho. Ele em alta velocidade, invoquei a segurança ao pedir que fosse com mais cautela. A resposta foi surpreendente: que eu não temesse a morte, pois ela era o chamado de Deus e que isso era privilégio daquele escolhido para estar junto a Ele. Calma, rapaz, não era minha hora!

Ao mesmo tempo, era difícil entender como a mera reação de uma criança poderia se converter num pequeno escândalo. Mas ocorreu. Num supermercado do acampamento principal da obra da ferrovia, um funcionário cumprimentou um fiscal egípcio e, do nada, o garotinho lhe mostrou a língua. Foi um salseiro. Exibir a língua é um cumprimento para certas tribos na Ásia. A um egípcio, é um desagrado absurdo.

Assim como houve desentendimento pesado com um fiscal indiano, de orientação sik, mais ortodoxos. Ao ser cumprimentado por um de meus colegas, canhoto, com a mão esquerda a relação se azedou. No costume daquelas pessoas, a mão esquerda é rigorosamente destinada à higiene íntima. Vivendo e aprendendo.

EU SOU A BOA HERANÇA DOS MEUS

Refletir sobre costumes, sobre a forma como fomos moldados, me remete a uma distante Bambuí. Me remete, sobretudo, à família. Como fomos e somos unidos! Gerações e gerações de Torres naquele sudoeste de Minas, onde nasci num 11 de fevereiro de 1954. Somos 12 irmãos, eu o décimo do casal da dona Belinha e Seu Fão. Meu pai, o dentista Sinfrônio Torres Sobrinho, bambuiense da gema, e minha mãe, Belmira Teixeira Torres, de Pratinha, no Alto Paranaíba.

Nós morávamos dentro da cidade. E, como era comum no interior, vim ao mundo pelas mãos de uma parteira, auxiliada por um tio médico, o Antônio Torres Sobrinho. A casa onde nasci era do meu avô, mas ali pelos meus 4 anos nos mudamos para a residência onde vivi todo o tempo em Bambuí. Há coisas peculiares: meu pai chamava-se Sinfrônio Torres Sobrinho porque era sobrinho-neto do Sinfrônio Torres, que já tinha sido prefeito, assim como outros familiares. O Antônio Torres foi quem instalou o abastecimento de água encanada através de poços artesianos, em 1937. Sinfrônio Torres, nos anos seguintes, implantou o serviço de esgotos sanitários, um avanço e tanto, e a construção da Usina Hidrelétrica do Samburá.

E não é que essa singularidade sobre nomes recairia também em nós? Todos (ou quase) iniciados com a letra B... Um de meus tios paternos morava em Ouro Preto, era diretor da Escola de Minas, engenheiro, grande matemático, Salatiel Torres. Ao nascer o primeiro sobrinho, ele mandou, por pura brincadeira, a tradicional fórmula que tinha a auxiliar de "B linha". Era um trocadilho com o apelido de minha mãe. Mas Seu Fão e Dona Belinha gostaram da ideia. Assim, somos Benoni, Belkiss, Beatriz, Benildo, Bethese, Berenice, Benício, Benno (que faleceu em 2013), Antero Balder, Berilo, Bénard e Brício. A exceção do Antero se explica: nasceu no dia do aniversário do meu avô, o coronel Antero Torres. Mas não deixou de ganhar o B em Balder.

Posso dizer, sem analogias com a engenharia, que fomos criados com régua e compasso. E, sem dúvida, isso ajudou a nos moldar. Meu pai era muito rígido, minha mãe, menos, mas muito carinhosos. Havia certas regras e rituais, como para alimento, almoço e jantar.

Durante as refeições, se sentavam o meu pai, o filho mais novo, a minha mãe, e os irmãos, em ordem crescente, tomavam seus lugares à mesa retangular retrátil. O móvel tinha uma abertura no meio, com uma tábua de extensão. Éramos muitos! No maior período da minha infância e adolescência, ficávamos em casa dez irmãos. Benoni e Benildo já viviam fora. À cabeceira, meu pai. Ao lado o caçula, Brício. Na lateral, no sentido horário, minha mãe e, em seguida, o Bénard, eu e o Antero. Na outra ponta, o Benno e o Benício, sentados em um caixote sem encosto. E na lateral, completando a mesa, Berenice, Bethese, Beatriz e Belkiss. Nas férias, Benoni e o Benildo se juntavam a nós e era aquela festa.

MOMENTO FAMÍLIA: EU E MEUS IRMÃOS E IRMÃS ENTRE SEU FÃO E DONA BELINHA, NOSSOS PAIS, NA QUERIDA BAMBUÍ

O meu pai fazia sempre uma oração antes das refeições. Era católico, devoto, praticante, daqueles de participar não só dos ritos, mas também de ações de caridade. Então, precedendo a comida, a prece de agradecimento. Das travessas ou panelas que vinham do fogão à lenha para a mesa, papai e mamãe eram servidos primeiro. Depois, um a um, em escala crescente. Só começávamos a comer quando todos estavam com seus pratos servidos. Aí, nada de conversa.

A segunda norma era comer de tudo. Você não podia dizer algo como "não gosto disso, não gosto daquilo". A terceira: não deixar nada no prato. Parece rigidez extrema, mas imagine com 12 filhos! Além disso, não havia fartura. Nada era fácil. Ao contrário. Uma compensação é que meu pai, sendo dentista, recebia muito presente: ovo, galinha, queijo, leite... E isso ajudava consideravelmente no sustento da família.

Levávamos uma vida sem recursos materiais, as roupas passavam de irmão para irmão, os sapatos se gastavam até furar a sola, tapada com folhas de jornais dobradas. E aniversários eram comemorados em mutirões (não era difícil juntar os mais próximos), à base de refresco e biscoitos simples.

As sobremesas, me lembro como se fosse hoje, eram todas feitas em casa. Minha mãe era uma doceira de primeira. As frutas vinham de nosso pomar, um grande quintal. De jabuticaba tínhamos 12 pés, um para cada um. E ainda banana, abacate, manga, pêssego laranja, limão... Ou raridades, como a cabeludinha, cheia de pelos, amarela, bem pequena, típica do Cerrado. Então, amávamos os doces. Minha mãe fazia um delicioso, o de mamão verde, ralado ou em fatias. Da goiabada quem cuidava era uma senhora, a Dona Marcolina. Ela ao tacho de cobre, com uma colher de pau comprida...

Desse quintal, há uma outra particularidade. Quando comprou o terreno, meu pai fez uma espécie de cerca viva plantando mudas nobres no entorno: bálsamo, peroba rosa, ipê e aroeira do sertão. E elas cresceram de uma forma generosa. Anos mais tarde, com ele e minha mãe já no plano superior, foi necessária a retirada de parte dessas árvores, porque havia riscos estruturais e de quedas de galhos para a vizinhança. Eu não deixaria algo assim terminar sem um sentido. Reservei parte dessa madeira de lei e ela acabou se convertendo em algumas das portas da minha residência. Como se me guardassem e abrissem meus caminhos.

Depois das sobremesas em casa, a conversa era finalmente liberada. E meu pai amava declamar. Fazia algumas orações em francês. Contando histórias, passava para os poemas:

> Belas, airosas, pálidas, altivas,
> Como tu mesma, outras mulheres vejo:
> são rainhas, e segue-as num cortejo
> extensa multidão de almas cativas.
> Têm a alvura do mármore; lascivas
> formas; os lábios feitos para o beijo;

> e indiferente e desdenhoso as vejo
> belas, airosas, pálidas, altivas...
> Por quê? Porque lhes falta a todas elas,
> mesmo às que são mais puras e mais belas,
> um detalhe sutil, um quase nada:
> falta-lhes a paixão que em mim te exalta,
> e entre os encantos de que brilham, falta
> o vago encanto da mulher amada.

Ou ainda:

> ... essa felicidade que supomos,
> árvore milagrosa que sonhamos,
> toda areada de dourados pomos,
> existe sim, mas nós não a encontramos,
> porque está sempre apenas onde nós a pomos
> e nunca a pomos onde nós estamos..."

Ele adorava poetas como Vicente de Carvalho.

Então, encerrado o tempo do bate-papo, a gente rezava de novo, ficava de pé, e cada um ia fazer suas tarefas. Às 10 da noite, todos já na cama, dormindo. Até quatro irmãos em um quarto. Mas isso estruturou muito a nossa família com disciplina, afeto e carinho naquela casa da então rua Benjamin Constant, 55, no Centro (anos depois, se tornaria Rodolfo Chaves). Era uma construção recuada, com rampa de acesso ao alpendre. Sala, área de jantar, os quartos e cozinha, numa singela simplicidade. Tinha até um certo estilo, mas nunca foi terminada. Brincando, a gente chamava de "Sinfronia inacabada". Mas aquilo era a vida do meu pai. Acho que se ele acabasse de construir a casa, não iria viver tanto...

A relação com os irmãos seguiu ancorada na solidariedade, na entrega mútua. Somos todos muito parecidos em correção. Coisas como falar palavrão, mentir, brigar, meu pai não admitia nunca. E impunha castigos. Nas situações consideradas graves, apanhávamos mesmo. Vara de marmelo, correia. Porém, ninguém era espancado a ponto de ficar machucado. Restavam as marcas, os vergões, a vergonha. Ele batia, e a gente em certa medida reconhecendo aqueles erros. Mas sempre carinhoso, ele logo estava nos botando para cima.

DA PEQUENA BAMBUÍ, UMA RECORDAÇÃO AOS 6 ANOS: ALFABETIZAÇÃO COM A PROFESSORA DE MEUS IRMÃOS

E havia pouco tempo para tristeza, porque as brincadeiras de rua nos ocupavam do meio da tarde até o anoitecer. As mães com suas cadeirinhas do lado de fora das casas, a gente jogando queimada, bete, que alguns chamam bente-altas. Pique, futebol. E o jogo Brasil contra Alemanha, em que uma sinalização com as mãos obrigava o outro a correr e te alcançar antes que voltasse para a sua zona de proteção. Tudo de pés no chão, mesmo com a rua calçada em pedra calcário. Éramos felizes. E como sabíamos!

E, na escola, como existia um encanto especial em ter como primeira professora alguém que havia alfabetizado meus irmãos! Dona Lourdes Soares de Souza, que não esqueço nunca. Era um outro mundo, em que víamos os educadores de fato como mestres. Cursei o grupo e parte do ginásio em escola municipal, depois numa estadual. Sempre fui um bom aluno, caí um pouco ao longo da adolescência, em que futebol, namoradas e música me atraíam mais, mas sem correr riscos. Me dava bem em matemática, gostava muito de história e geografia. Em compensação, detestava o português.

DEGRAU POR DEGRAU NO IRAQUE

Eu havia partido para o Iraque com aquele espírito de realmente transformar minha vida. Trabalhar duro, aprender, e me dediquei bastante a isso. Quando reforço os conceitos de formação, não tenho dúvida de que foram fundamentais para minha progressão profissional na Mendes Júnior. Sempre fui meticuloso. Lançava em minhas agendas, que guardo até hoje, o passo a passo em que esmiuçava problemas, soluções, controle de suprimentos das centrais de concreto, escalas e contratos de funcionários. Quem chegaria, quem partiria. Tudo isso facilitava meu dia a dia, fazia a engrenagem se mover.

O senso de organização e dedicação não demoraram a me projetar. Não que eu buscasse aquilo. Era exatamente o meu jeito de ser. Logo no final do primeiro ano, em dezembro (eu havia chegado em julho) tive uma promoção: indo de engenheiro júnior 3 para 1. Continuei trabalhando da mesma forma.

A partir de 1984, muita gente vindo embora, passei a cuidar de todas as centrais de concreto, ainda num ritmo alto (havia meses em que fazíamos 700, 800 metros cúbicos), mas desacelerando a produção. Como a ferrovia terminaria em 1985, nesse período já começavam a desativar as estruturas dos acampamentos, ainda que mantendo oficinas, britador.

Mesmo a dois anos de terminar, havia muita coisa a ser feita. Uma delas, a cerca da ferrovia. Com intensa movimentação de animais nos trechos de deserto, como camelos e carneiros, era preciso uma proteção segura. Era uma obra de 1.100 km de extensão, um projeto de US$ 45 milhões. O diretor de produção da ferrovia, o Sérgio Lúcio dos Santos, da M. Roscoe, e o Wellington Dias, seu braço direito, me chamaram. Me tratavam de um jeito bem particular: "Campeão, vamos fazer uma cerca dessa e dessa forma e queríamos contar com você". Logo comecei a estudar o projeto. Elaborei algumas alternativas, sobre como conciliar a injeção de concreto, instalação de postes, amarração...

Fiquei matutando: "Eu vou topar esse negócio". Só que, além das demandas pesadas na minha área, eu já estava me preparando para atendê-las e voltar ao Brasil. Assim, só fui decidir se tocava a cerca ou não alguns meses mais tarde. A desmobilização a pleno vapor. Na minha cabeça, já estava acabando mesmo...

Praticamente bati o martelo, mas haveria um adendo a essa história: uma namorada. A Maria, uma das professoras do Pitágoras no Iraque, tinha retornado ao Brasil definitivamente em 1984.

Já sem colégio, clube, com poucas famílias no acampamento, bateram o fator saudade e, naturalmente, medo de solidão. "Vou trazer a Maria. Não vou aguentar sozinho por aqui". Liguei para ela no final de abril e perguntei, sem ser direto: "Quer voltar pro Iraque?". E ela surpresa: "Mas vai ter outra obra?". Eu fui tateando: "É, vai ter mais uma parte, vou ficar aqui mais um tempo". Deixei uma fração de silêncio e emendei: "Se quiser, a gente se casa e você volta". Ela suspirou, riu do outro lado da linha e, com a voz embargada, pediu: "Me deixa pensar o que vou fazer da vida e na semana que vem a gente torna a falar".

Não, não pairou nenhuma sombra de hesitação no ar. É que mudar totalmente de planos da noite para o dia não era coisa simples, convenhamos. Liguei de volta e já era ela no modo radiante: "Claro que eu topo". De longe, eu precisaria do suporte inicial da família para cuidar da parte formal: "Então, programa tudo aí. Vê data. Conversa com a minha irmã, a Belkiss (que ela nem conhecia), pra ajeitar as coisas, porque daqui não consigo mexer com nada".

O casamento foi marcado para julho, dois meses depois. Embarquei, fiquei uns quinze dias, me casei em Bambuí. Viajamos, fomos de carro a São Lourenço, linda estância hidromineral do lado mineiro da Serra da Mantiqueira. Ao voltar para o Iraque, passamos por Grécia e Turquia. Permanecemos no mesmo acampamento, o 215. Àquela altura, restavam só umas seis famílias de engenheiros, mas todos numa relação de incrível proximidade.

EU CERCO, TU CERCAS, ELE CERCA

Uma vez, eu vi por aí uma frase que diz muito sobre os desafios de todos nós: "Quando a gente acha que tem todas as respostas, vem a vida e muda todas as perguntas". E cuidar de mais aquele trabalho gigantesco no Iraque estava entre as novas equações para as quais eu precisaria encontrar soluções inovadoras. Mas quem somos nós sem essas instigantes provações? Grosso modo, teríamos de concretar um poste a cada dois metros e meio e ir cercando a margem da ferrovia.

Fui juntando pontinho a pontinho, estudando os processos, conversando com o pessoal da mecânica, que bolava um esquema especial para a perfuração desses buracos. E era preciso um modelo operacional que permitisse acesso de um caminhão a toda a área de serviço. Me ofereceram dois assistentes técnicos de gabarito. Falando baixinho: melhores do que alguns engenheiros. Os dois, o Bispo e o Mendes, originários da M. Roscoe. Dividi o trecho em dois, sentido Bagdá e sentido Akashat.

Virou meio que uma dinâmica de linha de produção. As ideias foram brotando também nas avaliações com esses assistentes. Vinha o caminhão, se estabilizava e, com uma broca adaptada à ponta da lança do Munck, dali fazias as perfurações num diâmetro de 50 centímetros. Injetávamos o concreto (mais seco, para estabilizar com relativa rapidez) e já colocávamos o poste galvanizado. Um pedreiro e um carpinteiro, que nivelava o poste, davam o acabamento final. Era preciso fazer uma fundação arrumadinha. Depois de alguns dias, com a cura do cimento, era a vez da turma do arame, igualmente com seus caminhões de apoio, fixando dois fios farpados acima e três lisos abaixo, para a amarração final da tela.

Houve um episódio hilário nesse período. A gente no trecho sentido Bagdá, me chamam pelo rádio. Era o José Satil, encarregado que ia a campo com as equipes. "Ô, doutor, eu tou com um problema aqui. O senhor tá por esses lados?". Na realidade, chamava era pelo Mendes, que não atendeu. Mencionou onde estava, mas não contou o que era. Fui lá. Nesse ponto havia dois bueiros e a cerca entrava num corte especial. Entre a ferrovia e ela, o Satil se fechou com os equipamentos, incluindo o caminhão-arame, compressor, vibrador. O mais prático era abrir ali mesmo. "Corta nessa interseção, tira esse poste e depois a gente refaz, emenda", sugeri.

O curioso é que, conversando enquanto a gente buscava a solução, ele perguntou: "Esse Torres do senhor de onde que é?". Eu contei que era de Bambuí. E ele, com alegria: "Pois é, já trabalhei muito com seu avô. Meu pai trabalhava para o seu avô (o coronel Antero Torres). Ele morava num lugar assim, assim, no fundo tinha uns pés de laranja". Descreveu tudo direitinho.

Fato é que nessa obra aprendi muito. Até mesmo sobre essa necessidade de buscar opções pouco convencionais para as soluções operacionais. O prazo era curto. E, como se diz entre a peãozada, 'chega o reio' (relho). Fizemos o trabalho em nove meses. Era para durar mais de um ano. Mas tocamos num ritmo industrial. O caminhão para cuidar do buraco, o caminhão do concreto, tudo programadinho, em série. Chegamos a cumprir dois km num dia. Para acelerar o ritmo, criei duas equipes. E recordo que estabeleci uma espécie de competição de um lado com o outro. E deu muito certo, dentro daquela competitividade sadia.

Depois de buraco, concretagem, instalação, pedreiro, carpinteiro, arames, viriam os painéis de tela quadriculada, de 2,60, aço galvanizado (5x5), fixados nos postes em seis pontos de amarração por uma equipe de 43 armadores brasileiros, muito bons de serviço. E, para arrematar, os portões em pontos estratégicos.

Era tudo muito metódico. A cerca vinha a 50 metros do eixo. A base tinha de ter uma altura de 5 centímetros, num diâmetro de 50. Se estivesse a mais ou a menos, o fiscal recusava. Às vezes, se o buraco ficava sujo, mais bronca da fiscalização. Era uma novela, porque o terreno era seco demais. E o que não faltava ali era areia.

PONDO O TREM NOS TRILHOS

Era início de 1985 quando finalizamos a cerca de 1.100 km. Para entendermos essa ordem de grandeza, era como se tivéssemos coberto um trecho aproximado entre a capital mineira, Belo Horizonte, e Ilhéus, no sul da Bahia. Os planos de volta para o Brasil no meu radar, eu de novo em contagem regressiva, eis que aterrissa mais um convite à minha mesa: coordenar a entrega definitiva dos aproximados 850 kmde ferrovia, o chamado Final Handover. Já tinham uma checagem intermediária listando tudo o que ainda havia a ser corrigido, como bitola (era 160 centímetros e ponto), torção, variações técnicas, ausência de "almofada" para o trilho, dormentes quebrados... Havia prazo de um ano para as correções do Provisional Handover, do qual eu não havia participado. E, sim, eu aceitava a missão de assumir a vistoria para o repasse completo ao governo iraquiano.

Eu sabia que seria difícil e meticuloso. Foi um Deus nos acuda! Me levantava às 4 da manhã, saía ali pelas 5, passava num acampamento para pegar o fiscal. Íamos numa van Mercedes multifuncional. Na área ferroviária, ela baixava umas rodas hidráulicas e se acoplava ao trilho. Que dinâmica pesada! Exigências, normas e tolerâncias muito rígidas. Tínhamos um carro-controle, de linha, um troller amarelo, fechado, que ia fazendo essa varredura. Bastante confortável, alcançando em torno de 80 km por hora.

TRECHO DA FERROVIA DE CERCA DE 800 QUILÔMETROS, CUJA SUPERINTENDÊNCIA EU ASSUMIRIA NUMA SEGUNDA FASE

A MAIOR DAS PONTES DO COMPLEXO FERROVIÁRIO, NO QUILÔMETRO 218: ANOS MAIS TARDE, SERIA BOMBARDEADA NA INVASÃO DOS ESTADOS UNIDOS AO IRAQUE

Dispunha de um equipamento de inspeção que acusava eventuais distorções na bitola, twist, superelevação. Um cilindro com agulhas ia registrando possíveis defeitos. Se saísse do script, corrigíamos na hora. Determinadas imperfeições, uma equipe que vinha atrás cuidava. Socava o lastro, alinhava, aferia de novo. Às vezes, avançávamos e voltávamos, avançávamos e voltámos. Levamos um ano para percorrer 450 km paralelos, quase 850 no total (nem todo o trecho era dobrado). Do km 30 até Bagdá, por exemplo, eram mesmo duas ferrovias. Incluídas aí as de pátio. O fiscal era muito duro, um indiano com quem eu teria um problema pesado.

EU NA LINHA DE TIRO

Não foram poucas as vezes em que o regime de fiscalização redundou em situações muito severas – de prisões a deportações e, no caso de iraquianos, até execuções. Por um momento, estive no olho desse furacão. Quando cuidava do Final Handover, ficamos mais de um ano fazendo a inspeção de uma listagem que passava de mil itens.

Os fiscais que me acompanhavam nessas operações eram indianos, extremamente rígidos, já que se tratava de uma última verificação da qualidade da obra e, pelo rigor das especificações e o receio da punição do cliente iraquiano, eram de difícil argumentação e negociação.

Numa estação de Ramadi, que esteve em dezenas de cenas de guerra, atentados, próximo a um vilarejo, tínhamos construído a plataforma. O acabamento do edifício era feito por outras empresas. A construção geral, por uma companhia indiana contratada pelo Iraque. Mais do que entregar o que estava pendente, era preciso entregar brilhando. Esse era particularmente um pátio grande. Numa dessas ocasiões, chegando com o fiscal, me deparei com a área completamente suja. Argamassa, tijolo, marmitex... Um horror. Demos meia-volta.

Liguei posteriormente para nosso encarregado pedindo uma resolução. Ele responsabilizou os indianos, disse que havia conversado com eles sobre os desacertos e já limpado o local. "O senhor pode ir lá de novo que agora está arrumado". Programei para uns dois, três dias depois. Apanhei o fiscal e partimos. O grau de conhecimento dele sobre ferrovias era proporcional ao de implicância, o Rajah Sing.

Ao chegarmos, tudo sujo de novo! O fiscal veio me cobrar, esbravejando: "A segunda vez que me traz aqui e o negócio não está pronto". Ele era mestre em implicar. Estava na cara que a sujeira era um problema de uma segunda empresa. E provocada logo por uma indiana.

Eu fiquei puto e retruquei à altura, apontando para o canteiro do lado: "Você sabe muito bem que não fomos nós que fizemos isso. É esse pessoal aí". Ele indiferente: "Mas a responsabilidade é de vocês". E falou mais um tanto. Eu cada vez mais irritado, saí do meu normal, levantando a voz: "Se é pra ser desse jeito, tudo bem!". Peguei um tijolo, um pedaço de pedra. Ele se retraiu, como se fosse ser atacado. "Se é pra destruir as coisas aqui, também vou destruir. E o que o senhor vai falar?". Foi meio que uma encenação, porque só simulei, jogando a pedra sobre um banco.

O fiscal com cara de ofendido, pirracento, e eu ainda coloquei mais pimenta: "Quer saber de uma coisa? Isso é obra de conterrâneo seu, seus patrícios. Fala com eles, pô! Está vendo que é deles. Fala com eles pra não jogarem a sujeira por aqui".

NA ESTAÇÃO DE RAMADI, ONDE VIVERIA EPISÓDIO QUE QUASE DETERMINOU MINHA EXPULSÃO DO IRAQUE

Essa estação ficava perto do acampamento do km 104. Eu o deixei por lá e subi para casa, rumo ao 215. Estava dentro da van e ouço o chamado pelo rádio. Era o Napoleão Guedes de Medeiros, o chefe da área de superestrutura da ferrovia. "Onde você está, Berilo?". Eu próximo do 180. "Agora mesmo estou chegando". Ele: "Quando chegar, passa lá na minha sala".

O tom denunciava e eu já suspeitava do que se tratava. Fui direto para lá. A conversa foi taxativa. Cenho franzido: "Tenho de tirar você daqui em 48 horas". Napoleão já tinha em mãos uma carta pedindo minha retirada do país. Era uma ordem de deportação. Baqueei, claro. Lendo o documento, ele me perguntou: "O que foi que houve, afinal?". Expliquei toda a situação. Mas atritos como aqueles corriam numa rapidez inflamável com aquele controle em formato militar. Eu respirava fundo: "Exagerei, exagerei, reconheço. Não tenho sangue de barata. Não aguento esses caras". A chefia dos ficais era perto do 215. O Napoleão propôs colocarmos panos quentes para tentar remediar: "Vamos lá conversar com o chefe da fiscalização para ver se podemos conseguir resolver esse problema".

Mil coisas se passaram pela minha cabeça. Suei frio, ainda que tivesse a consciência tranquila. Eu, no fundo, de tanta convivência, era muito amigo dessa turma da fiscalização. O chefe se chamava Abdo Alibe. Já tinham também toda a papelada e os relatos em mãos. A sorte foi que o camarada, acho que, num surto de realidade, retirou a queixa. O Alibe, iraquiano, deu as boas novas: "Fique tranquilo, Mister Berilo. Você não vai embora não. Vai ficar aqui".

O ir embora seria uma determinação oficial. Do partido de Saddam Hussein, o Baath. Admito que falei um bocado de besteira. Depois, voltei a ver o fiscal, fizemos mais inspeções, agora sem problemas. Acho que ele mudou até para bem, embora seguisse numa rigidez acima do tom. Mas a verdade é que nosso relacionamento, desde o início, era complicado.

E EU FUI PARAR NA PRISÃO. CALMA....

Resoluções sobre deportação muitas vezes eram sumárias no Iraque. Ocorreu com um de nossos colegas engenheiros de uma forma para lá de inusitada. Estávamos numa fila de embarque do aeroporto de Bagdá rumo ao Brasil com amigos engenheiros. Do nada, surgiu a segurança. Os militares ficaram em volta de um de nossos companheiros, o Silvestre, também da área de concreto. E logo o levaram. Nós espantados. Entramos para a sala que nos conectaria com a aeronave, e nada do Silvestre. Aquela demora. A gente cada vez mais aflito. Nos acomodamos no avião, e ele sem aparecer. Conversamos com o pessoal da companhia em busca de ajuda. De repente, entra o Silvestre.

Chegou com cara de assustado: "Tou expulso do Iraque". O que tinha ocorrido? Havia um ramal de ferroviário de uns 20 km em Hit, uma das cidades mais antigas do mundo, indo à estação de um vilarejo. Era colado numa base aérea. Do local a gente via a pista. Eles operavam com os Mirage, franceses. Armas de guerra subindo, descendo. Ao sair, ele topou com uma barreira de militares.

A primeira coisa que inspecionavam em varreduras era em busca de máquina fotográfica, expressamente proibida. E acharam uma no porta-luvas do carro. Não era dele, porque sabia das proibições. Tinha emprestado o veículo a um encarregado, que viajou a passeio e se esqueceu da câmera ali. Pertencendo ou não a ele, não havia meio-termo: deportação, sem direito a jamais retornar ao Iraque.

Os episódios que envolviam a mão pesada do regime de Saddam Hussein resultaram em histórias muitos tristes para alguns dos brasileiros. Um deles terminou preso em Abhu Ghraib, a uns 30 km de Bagdá, local que se tornaria mais conhecido no Ocidente após o episódio de torturas envolvendo militares norte-americanos pós-queda de Saddam. Para meu juízo, acabou pagando por irregularidades das quais eu imagino que nem soubesse.

A Mendes Júnior, no gigantismo de suas obras, tinha uma determinada cota de diesel para utilizar. Era um volume que, no final das contas, não supria a necessidade da estrutura enorme voltada para projetos daquele tamanho, com tantos equipamentos.

Dali nasceram compras numa espécie de mercado paralelo. Um fornecedor iraquiano, subempreiteiro que alugava caminhões e conseguia mão de obra, era responsável por essa ponte clandestina. A Mendes fazia vista grossa. Quando mudaram uma das superintendências, essa ligada à parte de mecânica, o Sérgio Salgado assumiu. Tenho em mente que a turma anterior já sabia dos problemas e presumo que a própria construtora tinha conhecimento e deixava correr assim. Uma semana depois de ele ser nomeado, estourou o escândalo. Para a Mendes redundou em multa. Pegaram todos que estariam envolvidos. Os iraquianos foram fuzilados. O Sérgio, embora não fosse o chefe-geral, mas encarregado, também caiu. Nesse período no Iraque, se você estava errado ou certo em circunstâncias como essa, era cadeia. Depois, que tentasse provar sua inocência. Fato é que o Sérgio foi condenado a um tempo aproximado de dez anos de prisão.

Fiz visitas a ele em Abhu Ghraib. Havia uma revista específica, mas, estranhamente, sem detector de metal. A preocupação maior, como em outros locais do Iraque, era com máquina fotográfica. Deve ter ficado quase dois anos preso. Em meio ao tormento da prisão, tinha ali umas pequenas regalias, como um tapete na cela. Adorava jogar futebol, se enturmou com outros detentos. Foi solto depois de um acordo que envolveu até o governo brasileiro.

AQUELA CERVEJA DEU DOR DE CABEÇA

No mundo islâmico, com suas interpretações singulares, bebidas alcoólicas são um fator que pode se transformar em pesadelo. Não era diferente no Iraque, ainda que menos ortodoxo que outras nações árabes. Em casos de quebra das normas de restrição à bebida, costumavam prender primeiro, para só depois decidir se havia ou não culpa. No mínimo, 12 dias de cadeia. Mistura entre álcool e volante, então, representava risco dobrado. E não é que, por casualidade, minha situação quase se encrencou por lá?

À nossa disposição tínhamos a cerveja local, a Florida, horrível, e a Antarctica em lata de folhas de flandres (das que oxidavam). De vez em quando, a turma comprava Heineken de um grupo de romenos que trabalhava na fábrica de fosfato. A Sibetra era localizada perto da cidade de Al Q'aim, na fronteira com a Síria. Numa de minhas viagens, me deram a missão de comprar, a pedido de um colega. Eu mesmo bebia quase nada. Admito que era um negócio meio arriscado, mas fui. O cara vinha, colocava discretamente dentro do seu carro e você partia. Tudo na frente dessa unidade do governo, cujo controle de segurança era rigoroso.

Esses estrangeiros tinham permissão de importá-las, mas para consumo próprio. Era, no fundo, uma operação de alto risco, pois estávamos cometendo ali duas infrações graves aos olhos das autoridades. A primeira, por aquilo se caracterizar como contrabando. A segunda, por estar de posse de bebida alcoólica fora do acampamento.

Eu tinha subido para esse trecho uns três dias antes. E nesse período houve uma chuva forte que levou um bueiro já perto do nosso acampamento, na época, o 215. Fizeram um desvio, bloquearam o trânsito. Para sinalizar, colocavam pedras grandes e cascalho tanto de um lado quanto de outro. Quando voltei, já haviam liberado a estrada. Era uma noite de quinta-feira. Teoricamente, o bloqueio era para ter sido retirado. Confesso que me faltou atenção, porque antes de chegar ali já havia passado por um desvio e deveria ter imaginado que poderia haver mais interdições à frente. Assim que saí de uma lombada, deparei com um monte de rochas. Não deu nem tempo de frear. Era de noite e, para piorar, eu estava cruzando com um automóvel com farol alto (lá usavam sem a menor cerimônia).

Bati nesse bloco com a picape Fiat 147. As latas de cerveja se espalharam pelo carro todo. Fiquei tonto, grogue. Fui com a cara no volante. Quebrei o nariz. Os cintos eram somente abdominais. Não valiam nada. Sangrei muito.

Além da dor pelo nariz quebrado e pelos ferimentos, tinha razões de sobra para me apavorar pelo possível desfecho. Levava na caminhonete duas caixas de cerveja. Se a polícia passasse por ali naquele momento, seria problema na certa. Todos os acidentes de carro no Iraque eram passíveis de prisão, independentemente de você ser culpado ou não. Ah, como tive sorte. Além de receber os primeiros socorros de um amigo que vinha logo atrás, outro pegou as latas de cerveja que haviam se espalhado pela cabine.

Passou instantaneamente o Robson, que era técnico em ferrovia e me socorreu. Me botou dentro do carro dele e alertou: "Temos de tirar logo as latas de cerveja que estão esparramadas". Eu ainda grogue: "Tira, tira tudo de lá". Vinha um outro colega e colocaram no veículo dele. Me levaram para o hospital do acampamento imediatamente. Não demorou a ser emitida a ocorrência na polícia. Como eu já estava dentro do nosso "território", deram um jeito de evitar que eu fosse depor. Tínhamos advogados de plantão para situações desse tipo. Mas o temor de um desdobramento grave me doía tanto quanto os ferimentos, porque havia mais de uma razão, com base nas leis locais, para que me enquadrassem. Dessa me safei.

Mas o acidente me custaria uma cirurgia. Fiquei uns seis meses por lá com o nariz todo torto. Não havia como ser operado. Depois, num final de ano, fiz o procedimento no Brasil.

DESSA VEZ, A BEBIDA DEU EM MORTE

Para nós, brasileiros, e, principalmente, no meio da construção civil, com gente acostumada a viver em lugares ermos, ter uma cervejinha gelada no meio do deserto era até mesmo uma questão de sobrevivência. E como em qualquer tipo de acampamento, o consumo de bebidas alcoólicas era alto dentro daqueles montados pela Mendes Júnior no Iraque.

Em churrascos, festas e até no restaurante do 215, o consumo era permitido. Além disso, se vendia no supermercado uma cota determinada por funcionário ou família. No final da obra da ferrovia, de 1987 a 1988, estávamos em ritmo de desmobilização, ainda que houvesse muitos trabalhadores por lá. Com o fluxo menor, caía também a importação de bebidas alcoólicas, que foram rareando depois de 1986. Restavam somente algumas caixas de cerveja Antarctica, as tais que oxidavam e perdiam sabor.

Era comum entre os brasileiros, em seus retornos, desembarcarem no Iraque com litros de cachaça. Mas parte ficava retida nas inspeções de alfândega em Bagdá, parte estourava nas malas despachadas, e foram virando raridade as que de fato chegavam a nossos núcleos residenciais.

Nesse período, comecei a escutar entre os peões conversas e brincadeiras sobre uma "ótima bebida" que estavam consumindo. Essa turma tomava um preparado que chamavam de Azulão. Uma tremenda mistureba. Eles pegavam álcool etílico, o comum, 40, 45 graus, que era vendido no acampamento, diluíam e misturavam o conteúdo daquela embalagem de plástico ao suco de uva. Ficava roxo, meio azulado. "Vocês são malucos! Como bebem esse tipo de coisa? Não bebam isso não...". Eu tentava demover a turma, mas não tinha poder para impedir. Não era chefe deles na ferrovia.

Num dia, numa das centrais de concreto, alguém se aproximou de mim e avisou: "Olha, o Antônio morreu". Antônio Bahia era o encarregado de mecânica da central. Eu o chamava de compadre. Foi muito triste. Trabalhava comigo desde a minha chegada ao Iraque. Havia conversado com ele poucos dias antes, comentado sobre o perigo daquela bebida e da felicidade dele por estar aproximando a data da sua viagem de volta ao Brasil. Ele louco para conhecer seu último filho.

Numa de nossas conversas, havia prometido que o menino seria meu afilhado. Eu atônito: "Mas morreu como?". A situação era ainda pior, me contava esse interlocutor. "Não morreu só ele. Foram uns três, e há alguns no hospital". Era angustiante. "Deus do céu, mas como morreram?". A resposta era cheia de interrogações: "Acho que foi bebendo o tal do Azulão". Dei um jeito de me deslocar rapidamente para o hospital. Toda a diretoria por lá, os médicos da Mendes pesquisando o que poderia ter causado as mortes.

A verdade é que o álcool etílico havia acabado. E, santa inocência, usaram um outro recipiente de álcool, mas era o tipo próprio para mimeógrafo, o dinossauro das impressoras. Era álcool metílico. Tóxico. Havia sete hospitalizados, entre a vida e a morte, em alto grau de desidratação. Três não resistiram. Uma tremenda tristeza. O governo iraquiano foi comunicado, claro. Mas não houve nenhum tipo de retaliação. O partido Baath, de Saddam, tinha dois a três agentes dentro dos acampamentos, que vigiavam tudo.

Isso mostrava como a cachaça tinha valor expressivo. Mais adiante, já como superintendente de outra obra, a da Express Way, a rodovia, me chega a preocupante informação de que estavam até vendendo cachaça entre os trabalhadores. Isso era cadeia na certa. Não seria fácil tirar da prisão quem se envolvesse. Radicalizei. Emiti uma circular proibindo bebida alcoólica no acampamento caso fosse trazida do Brasil. Adverti: cachaça que aparecesse por lá, iríamos jogar fora.

Eis que, na chegada de uma turma, um dos novatos pediu para que eu o recebesse. Tentei antecipar o assunto. A secretária constrangida: "Ele quer te presentear com uma cachaça". E não era piada... Poucos dias atrás eu tinha estabelecido a norma e alertado a assistentes e encarregados que dava cadeia. O que tive de fazer? Recebi a pessoa e, como exemplo, preparei o ritual para jogar fora. Fui delicado: "Pois é, agradeço, mas não tem nem uma semana que expedi esse comunicado". E o funcionário meio sem jeito: "Me desculpe, não tinha esse conhecimento". E produziu-se ali uma cena pitoresca. Armamos uma espécie de ritual, com várias testemunhas, e viramos o líquido num barril de lixo.

POR UM TRIZ, ESCAPEI DA MORTE

Num país em efervescência bélica, eu achava que já havia visto praticamente de tudo. Mas não. Ver a morte de perto era o que mais temíamos. E ela passou resvalando em mim, se desviando num desses caprichos do destino. Quando já estávamos em processo de desmobilização, em 1987, eu percorria o trecho entre o km 215 e o 380 com relativa frequência no período noturno. Era muito puxado. Fazia ida e volta. Às vezes, ficava por lá ou optava pelo meio do caminho, o km 280, onde tinha também um quarto à disposição. No 280 funcionava uma das centrais de concreto, a CC3. Ali, passei algumas noites dormindo nos containers. Pela manhã, seguia para o 215. Numa ocasião, rumava para ele e, por uma decisão meio aleatória, fui reto, segui viagem. Cheguei ao 215 ainda pela madrugada. Quando acordei, por volta das 10 horas daquela sexta-feira, começaram a pipocar as conversas: "Explodiram um portacamping no 280!".

Era perto de um dos únicos cortes em rocha que havia no curso da ferrovia. Nesse ponto, trabalhava muita gente da área de explosivos. O rumor era o seguinte: "Devem ter colocado algum componente no quarto, se esquecido, e veio a explosão". Mas a turma era muito profissional. E tinha cuidado excessivo, principalmente por se tratar de Iraque, onde a questão de explosivo era rigidamente controlada. Ninguém levaria esse tipo de material para o quarto.

Peguei o carro, juntei uma turma e fomos para o local. Chegamos e nos deparamos com uma destruição imensa. Havia três portacampings destroçados (eram de madeira e fibra de vidro, com parte metálica fininha). Tudo esparramado, carros atingidos.

E foi exatamente nos portacampings onde eu costumava dormir. Com a explosão, tinham virado pó. Três colegas se feriram gravemente. Um quebrou as duas pernas. Outro tinha lesões por todo o corpo. Esse precisou ser removido para o Brasil. O engenheiro encarregado, o chefe, se chamava Tião Dinamite, gente da melhor qualidade. Ninguém acreditava na hipótese de um acidente por se tratar exatamente de profissionais experimentados.

Eu olhava e custava a crer. Fazia poucas horas eu havia passado na porta do acampamento e seguido adiante. Dormi várias vezes naqueles containers agora esmigalhados. Eu num quarto, João, Dutra e Tião Dinamite em outros. Lamentava profundamente por eles, enquanto imaginava que sopro havia me poupado daquela tragédia. Minha sensação era de sobrevivente.

ATENTADO AO ACAMPAMENTO 380: A MÃO DO DESTINO ME SALVOU DA EXPLOSÃO DE UM MORTEIRO

Me arriscando, levei camuflada uma câmera e tirei fotos. Sou o único que tem essas imagens. Numa certa ocasião, o próprio Murillo Mendes pediu para ver as fotografias. Obviamente, o episódio da explosão foi logo informado ao Exército, que abriu uma investigação. O mais surpreendente foi que funcionários da área administrativa e outros que trabalhavam na escavação acabaram presos, apontados como culpados pelo governo iraquiano.

Já se escutava falar algo em torno de movimentações anti-Saddam e que aquela poderia ser uma ação terrorista para atingi-lo. Foi a primeira vez que ocorreu algo como aquilo em regiões onde a gente atuava. Vistoriando, os peritos acharam morteiros artesanais num vale próximo. Tubos de aço de duas polegadas, com prego embaixo. Afixados numa rocha, numa inclinação ideal para o disparo. Ficava comprovado que havia sido um ataque, um atentado. Atribuíram a rebeldes da região, finalmente libertando nossos funcionários.

EU, TENENTE TORRES

Em geral, uma sucessão de acontecimentos tão atribulados costuma nos remeter à busca de um porto seguro. E meu porto seguro, o Brasil, estava bem longe dali. O episódio dos morteiros acabou me levando a um distante começo dos anos 1970. Eu na flor da juventude, 17 anos. Cabelos imensos. Era minha transição entre Bambuí e Belo Horizonte. O foco estava nos estudos, já mirando o ensino superior. Mas havia um Exército no meio do caminho. E foi tremenda casualidade. Eu tinha me mudado para a capital em 1972 para cursar o terceiro científico. E só fui fazer o alistamento militar no final daquele ano, certo de que seria mera formalidade, já que minha cidade estava numa zona dispensável.

Ao me apresentar para ser reservista, vem a enorme surpresa: o Exército alegou que eu estava atrasado com o alistamento e que não escaparia. Até recordo que me qualificaram como refratário. Ao ouvir, quase caí pra trás. "Ih, vou ter de servir". Era uma época muito complicada em termos de política, com a ditadura recém-instalada. Eu não tinha muitos amores pelo Exército. Confesso que entrei com uma baita restrição, embora politicamente eu não tivesse nenhum tipo de militância.

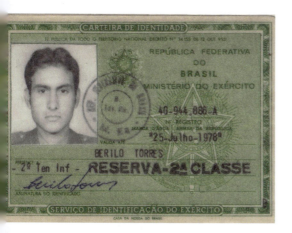

VIVI MEUS DIAS DE TENENTE TORRES NO INÍCIO DOS ANOS 1970, SERVINDO AO EXÉRCITO EM BELO HORIZONTE

Querendo ou não, fariam de mim um militar. Ou ingressava no Centro de Preparação dos Oficiais da Reserva (CPOR) ou caía no 12 RI (Regimento de Infantaria). A escolha era minha. Como já tinha o terceiro ano científico concluído, optei pelo CPOR e ainda tive de passar por uma prova final. Eu era cabeludo, bem cabeludo, como a maioria dos jovens na época. Ah, foi traumatizante cortar aquela juba... Deu uma tristeza danada. Me lembro com perfeição do dia em que cortaram. Preferi que fosse no próprio Exército. O barulho da máquina me doía. Restou aquele cabelinho, eu quase careca...

O CPOR ficava na Rua Juiz de Fora, atrás do 12 RI, no limite do Bairro Santo Agostinho com a Barroca. Faríamos ali o que chamavam de ensino básico, com noções gerais sobre o Exército. Depois, escolheria se serviria na Engenharia, Infantaria ou Artilharia. Parecia uma contradição, mas elegi a Infantaria, que reunia pelo menos a metade dos 280 alunos. Artilharia eram poucos, uns 50. A Engenharia, responsável pelo suporte, como construção de pontes armadas, abertura de caminhos, tinha uns 30. Mas se eu era apaixonado por engenharia, por que a escolha? Apesar da minha preferência, precisaria de uma nota mais alta no exame e decidi não arriscar. E, por fim, a avaliação era de que seria um setor muito "sem ação", se comparado aos outros dois. A gente brincava, chamando a turma da engenharia de "normalistas".

Uma vez lá dentro, como era do meu perfil, tudo o que me dispunha a fazer eu fazia com dedicação máxima. Me saí tão bem, que no estágio como tenente pude permanecer em Belo Horizonte, em lugar de ter de me deslocar para Juiz de Fora ou São João del-Rei. Éramos uma turma de aspirantes altamente capacitada. Vários já na faculdade. Me tornaria amigo de alguns deles, com laços muito fortes. Desse tempo, admito que ficar de guarda era intolerável. Duas horas em sentinela na guarita. Só me mexendo se surgisse algum graduado, fazendo o movimento padrão com a arma e a continência. Quatro horas de descanso. Juro que nunca dormi nessa vigilância.

Na guarita da rua Uberaba pelo menos nos divertíamos com os sonhos juvenis. Morava em frente um coronel com duas filhas, cujas cenas de despedida dos namorados nos acendiam. Abraço, beijo, amasso...

Para além das aulas, vivemos experiências singulares nos exercícios de sobrevivência. Uma das áreas em que fizemos acampamentos, vejam que suprema coincidência, foi na região de Água Limpa, praticamente colada ao local onde eu construiria minha casa, no Alphaville, saída de Belo Horizonte para o Rio de Janeiro. Por três dias, armávamos nossas barracas no meio do nada. Eram dadas noções sobre como matar uma cobra, como identificar uma planta venenosa, como evitar animais perigosos. Havia simulações de ataques, os pelotões avançando, a artilharia atirando sobre nossas cabeças, a engenharia dando o suporte. Como infantes, no chamado Exercício Combinado de Armas, ralávamos mesmo no chão, nos camuflávamos no mato. Artilheiros, no canhão, e engenheiros, em seus caminhões com treliças, faziam muito bullying com a gente.

Mexer com armas foi mais tranquilo do que eu imaginava. O estudo do armamento tinha suas complexidades. O que usávamos naquela época era ainda o da Segunda Guerra, dos anos 1940, com baioneta, o mosquetão. O Exército tinha o fuzil, o FAO, brasileiro, mas só para ocasiões especiais. Era preciso decorar os nomes e funções de todas as peças, montar e desmontar de ponta a ponta. Éramos submetidos a provas com a desafiante limitação de tempo. Quando reencontro alguns dos colegas, a gente relembra dessas passagens. Havia o ferrolho. Depois, o 'ferrolho propriamente dito'. Brincávamos com essa expressão. Falávamos uma frase e lá vinha: "Isso aí propriamente dito". Quase todo o sistema de arma tinha essa particularidade, como parafuso de retenção e parafuso tal 'propriamente dito'.

Eu até que gostava de atirar, de manusear o armamento. Atirava direitinho, ainda que não fosse o bamba. E o mosquetão nos acompanhava o tempo todo no quartel, mesmo na educação física. Flexão, barra. Segura, agacha. E era pesado. Tinha mais de 4 kg. Obviamente, sem munição. Mas na guarita, o mantínhamos carregado, pente com cinco tiros e mais no cinturão.

Já alinhados, havia toda uma sequência coletiva: "armar mosquetão, baionetas, avançar". Tirei dali muitas lições. A começar pela disciplina. Já tinha isso no sangue, inspirado pelo meu pai. Ajuda a moldar, a planejar, a executar com precisão. A matéria maneabilidade, por exemplo, definia como atuar no campo de batalha com um pelotão. Mas nem tudo eram flores. Na abordagem sobre segurança interna, o capitão que ministrava esse conteúdo sugeria ser um torturador. Era de arrepiar o que ele contava....

Num fim de semana no quartel, aliás, vi alguns presos políticos. Os soldados em volta haviam saído para o banho de sol. Tive a oportunidade de trocar algumas frases com um deles. Era magro, careca. Nada de conversa política. Eu nem perguntava quem era, por qual motivo estava ali. Foi coloquial. Ele se apresentou como Jorge. Claro, não deveria ser o nome real. Me aproximei mais: "Como está na cela?". Reclamou um pouco da comida. Prometi: "Vou verificar isso pra vocês". Mas não passou disso.

E seguíamos com nossas classes de formação. Topografia, com aqueles teodolitos antigos e pesados. E tópicos bem centrados em armamentos, como para os morteiros. Em operação, participavam três aspirantes. Um montava, outro calculava a inclinação do tubo para ver a distância em que cairia (o movimento era uma catenária), o outro punha a munição. Era eu quem colocava a bomba. Mas foi uma só vez. Treinávamos com todas as armas. Simples, mas perigoso. Em 1972, no ano anterior ao que entrei, houve um acidente e morreram os três do morteiro. Era a despedida, fechamento de campo, e eles estavam tirando fotos. Enquanto um acionou o petardo, o outro já estava com um na mão para poder fotografar, bem na frente. Explodiu tudo ali mesmo. Um deles se chamava Manete. Isso virou um trauma. Morrer aluno, morrer soldado em treinamento. Daí, tornou-se uma arma para a qual os cuidados foram redobrados em Água Limpa.

ATACARRRRRRRRRRRRRRRRRRR!!!!!

No período de três meses em que fiz estágio como tenente, houve mais um exercício de sobrevivência. Era um negócio muito bem-feito. Seguimos para o acampamento em Água Limpa. No último dia, era simulado um ataque e levavam a todos nós como prisioneiros. Eu estava com um pelotão, comandando 40 soldados, auxiliando em aulas, mantendo a disciplina. À noite, com toda a tropa já deitada, veio a 'ofensiva inimiga'. Simulavam tiros de canhão usando um pó especial. Os invasores assumindo o controle, gritando: "Todo mundo pelado. Joga a farda!". Tinha uma conotação tão real, que alguns dos recrutas ficaram completamente apavorados. Um se agarrou no pau da barraca. Chorava. "O que é isso? O que é isso?!".

No comando, eu tinha ciência de que ocorreria, com o detalhamento prévio no QG local, mas sem a determinação exata de hora. Aquilo representava também aprendizado de várias técnicas. Acima de tudo, como proceder em situações extremas. Como tenente, eu tinha de ficar monitorando a reação dos soldados, embora estivesse igualmente "preso". Um frio absurdo e fomos obrigados a trocar nossas roupas pelas de reféns – na verdade, fardas velhas, numeradas atrás. Calças frouxas, sem cintos, coturnos sem cadarços... Sem regalias. Fomos levados para um campo de prisioneiros. Vendados, em vários caminhões.

O lugar impressionava, tamanho realismo. Era uma mina antiga, uma cava. Tinha um pouco d'água. No meio, um guindaste abandonado. Onde deveria ser a parte de escritório, fizeram o comando. O "país invasor" era a Altoesboslávia. Havia trabalhos forçados, incluindo a tarefa impossível de desatolar o guindaste em meio à lama. Outros, usando pedras, tinham de carregá-las ao longo do dia e formar palavras num morro. "Salve a Altoesboslávia" e "Salve o general Cracoldo". Havia ainda o Buraco da lamentação, a Fossa da Meditação. Suja, cheia de barro. Ao menos privavam a nós, tenentes, desses castigos assim potencializados, mas permanecíamos junto aos aprisionados. A ideia era que, quando chegasse o momento da reação, eu precisaria liderar. Enquanto isso, abusavam das táticas de desgaste e desorientação pelo alto-falante: "Prisioneiro não come. Prisioneiro trabalha. É um trabalho profícuo e laborioso para a Altoesboslávia". Era aquilo o tempo inteiro. Sem direito a um minuto de sono ou descanso.

E havia os momentos de revista ostensiva. Vinham com um cachorro bravo, um pastor alemão. A gente ordenado em fila. Eles passavam e repetiam o mantra: "Prisioneiro não come. Prisioneiro trabalha. A

Altoesboslávia o proclama, ó, prisioneiro". O mais casca-grossa deles bradava isso no ouvido de cada um. Daí, um dos soldados, chamado Tomé, se descontrolou. Começou a gritar. No jargão militar, estava aloprando. Foi lançado ao barro, no fosso.

Um dos prisioneiros era o João Leite, que depois se tornaria goleiro profissional do Atlético Mineiro e da Seleção Brasileira entre a segunda metade dos anos 1970 e início dos 1980. Outro era o Getúlio, lateral-direito, também do Atlético, mais um que chegaria à Seleção. Depois que caiu a noite, veio o resgate das tropas do Brasil num contra-ataque. Era a senha para que eu liderasse. Recebi um mapa, uma folha de papel, um azimute, as coordenadas, a direção, a distância, o tanto a percorrer. Uma escuridão danada, mas orientação foi o menor dos problemas. A bússola dava rumo. Esgotado, o pessoal dormia andando. Lembro que arrumei uma varinha e ia batendo no capacete deles. Muitos com diarreia. Uns sem o coturno naquelas formações de pedra, canga de minério e mato. Havia quem estivesse com o pé em carne viva. Um deles, o Tomé, não aguentava mais. O João Leite, então reco, foi quem ajudou, o carregando até o final.

Várias vezes reencontrei o João Leite. E ele nunca deixava de repetir: "Tenente, o senhor era muito duro comigo". No fundo, exagerava: "Não lembro de ter sido, não". E ele: "Todo mundo tinha medo do senhor". Quando a gente preza o princípio da disciplina, acaba construindo um personagem. Mas não me recordava de ter sido rígido em excesso com ele. Sei de uma coisa: tudo o que a tropa fazia de errado, se um estivesse marchando fora do passo, sobrava para que todos pagassem. Nisso eu era irredutível. O Tomé, o aloprado, não sai da minha cabeça... Mas nunca cheguei a mandar prender. Claro, cobrava respeito. O soldado era um comandado e há protocolos mínimos, a começar por bater continência a um superior.

Na chamada ordem unida, por exemplo, colocava 40 do pelotão para marchar. Admito que aquilo era um saco – para eles e para nós. Daí à permissão para importunar vai uma distância muito grande. Mandava virar à direita, alguns iam para a esquerda. Tumultuavam, riam. Eram uns três ou quatro. E lá estava o Tomé... Parei tudo e determinei: todos em posição de alinhamento e sentido. Fiz um silêncio proposital e emendei: "Se vocês estão achando que estão me importunando, muito antes pelo contrário. Estou aqui pra fazer isso. Se precisar, vamos fazer até as 9 horas da noite. E outra coisa...". Ali falaria algo que não deveria ter dito. "Tem mais. Vocês estão aqui e vão ficar muito tempo no quartel. Eu, daqui a um mês, estou indo embora". Maldita hora. O capitão Siqueira estava à janela e presenciou a cena.

Eu soube mais tarde, quando me convocou. Deu um sermão, dizendo que não era conduta apropriada. E, ao findar o estágio, voltou ao assunto na sala dele. "Tenente Torres, você se lembra de quando ocorreu aquele episódio e te chamei aqui? Pois é... Nós, oficiais do Exército, não os da reserva, não aceitamos bem essa questão do CPOR. Pegar você, que é um menino, botar aqui e achar, pondo coisa na sua cabeça, que você terá o mesmo sentimento que nós, é difícil. Por isso, naquela vez te chamei a atenção. Apesar disso, o Exército teria prazer se você continuasse... Você é isso, aquilo...". Falou respeitosamente, me enchendo de elogios. Eu agradeci, me senti orgulhoso, e disse a ele que não ficaria, porque havia um outro projeto de vida. Queria ser engenheiro. Mas observava que ser convidado era sinal de que eu tinha feito as coisas direito. Ele, de quem eu ficaria muito próximo, reforçou e me desejou sorte: "É isso mesmo".

Entrei e saí convicto de que deveria estudar engenharia. Em nenhum momento fiquei balançado. Então, fui em paz comigo mesmo. Cumpri minha parte. Mantive amizade mais direta com dois dos tenentes, o Robert e o Amaral. De vez em quando, fazem um encontro, do qual já participei. Vira um painel de boas recordações. Alguns seguiram carreira. Eu poderia ter ficado mais cinco anos, mas tinha outros planos profissionais. Me soava até meio estranho. Eu com 19 para 20 anos, indo de aspirante a oficial. Tenente do Exército no 12 RI. Era preciso ter maturidade para comandar gente quase da sua idade.

Além de maturidade, paciência. Nós éramos também professores, replicando as matérias que tínhamos cursado. Eu tinha organização, apostilas. Preparava as transparências para exibir no retroprojetor, me animava e não demorava a ter um cochilando na sala. Eu batia na mesa, mas tinha até pena, ainda que o posto exigisse uma pitada de esculacho.

ACELERA ESSA MOTO PRA LONGE, MENINO

A condição de oficial rendia um bom salário e boas histórias. Ao receber um dos pagamentos, resolvi comprar uma motocicleta em parceria, meio a meio, com um colega de farda, o Afrânio. Um Yamaha 125. Vinho e branca, compridinha. Meu pai estrilou. E não tinha mesmo como dar certo uma motocicleta "dividida". Seria pilotada por qual de nós no fim de semana? Não fiquei um mês com ela.

Em nossos impulsos juvenis havia ainda o lado folclórico. Saí numa noite para um barzinho muito agitado em Belo Horizonte, que ficava na avenida do Contorno, no bairro Santo Antônio, o Marijuana. Fui com dois amigos cabeludões. Eis que uma patrulha do Exército, a PE, aparece em sua ronda. Por protocolo, todo soldado deve usar a farda, o que não valia para alunos do CPOR. Um dos agentes bateu em meu ombro: "Ô, reco, vamo embora. Você está infringindo as normas". Ele mandou que eu exibisse meus documentos. Eu me levantei e, sem estardalhaço, tirei minha carteira de aspirante e mostrei. Os dois, instantaneamente, fizeram posição de sentido e bradaram: "Permissão!". Não só o pessoal da mesa, mas o boteco todo foi só risada...

Noutra ocasião, o interventor era eu. Em serviço no plantão, a polícia telefona para o quartel relatando uma briga entre recos e PMs na praça da Rodoviária. A norma era clara: enquadrar todo mundo e levar para o 12 RI, incluindo os policiais, independentemente da patente. Peguei um jipe com motorista e foi junto uma picape como camburão. Assim que cheguei, a briga estourou de novo. Separei no grito e com arma em punho: "Parados todos, parados! Todo mundo pra lá".

A Polícia Militar já estava no local com dois capitães. Coloquei o grupo do Exército para dentro do camburão e em seguida tive uma conversa diplomática com os oficiais. "Olha, eu vou levar os meus, os senhores levam os seus". De acordo. Eram quatro soldados. Era incrível como se metiam em confusões, principalmente em áreas próximas de zonas de prostituição.

Andar fardado, sobretudo, armado, tinha suas simbologias. Nesse tempo, eu morava num espaço coletivo na rua Grão Mogol, perto da avenida do Contorno, no Carmo. Chegava e saía dali com o revólver .45 no coldre, amarrado. Volta e meia, alguém da república pedia. "Deixa dar uma olhada nesse revólver?". E vinha outro com aparente espanto e provocação: "Mas pra que você anda armado, se não tem bala". Eu, na verdade, por uma questão de segurança, deixava as balas no bolso ao circular. E desconversava. "Não. Eu não posso trazer ele armado pra cá não...". E eles gozando: "Mas andar armado sem bala?". E eu: "Mas eu não ando armado pra ficar policiando por aí". A gente se divertia com aquilo. E alguém há de perguntar. "Mas república? Não teve entrevero com gente de esquerda?". Respondo com tranquilidade: "Nunca, nunca, nunca..."

POR ACIDENTE, NUM BUNKER DE SADDAM

No Iraque, para usar uma expressão de bons entendedores, qualquer pingo era letra. Então, era comum determinados episódios terem significados para além do que sugeriam as aparências. Houve um, em particular, que nos mostrou como essa lógica – ou falta dela – imperava por lá. Aquilo me deixou estupefato. Em princípio, parecia apenas um acidente operacional, mas nos revelaria muito mais. No período em que eu estava coordenando a construção da cerca da ferrovia, pouco antes do fim da guerra com o Irã, formou-se o tumulto nas proximidades do acampamento do km 215. O encarregado me chamou rapidamente pelo rádio. Fui logo correndo. O caminhão perfuratriz tinha cortado o cabo de energia. Grosso, de umas três polegadas. Como imaginam, cortar cabo de energia no Iraque dava.... cadeia.

E tínhamos um cuidado extremo com esse lado operacional. Trabalhávamos com os chamados mapas de interferência que continham as coordenadas dadas pelo próprio governo. Mostravam onde passava cabo elétrico, gasoduto, oleoduto, justamente para evitar qualquer acidente. O problema é que o croqui oficial tinha incorreções que nos levaram ao que poderia soar como uma tremenda barbeiragem.

Claro, fiquei morrendo de medo de me pegarem. A tônica era: "Quem é o engenheiro responsável? Ele vai preso". Já havia histórias de gente ficar presa até 12 dias em circunstâncias assim. Logo dei ciência à turma do escritório: "Ó, coloquem o pessoal do jurídico em ação". Tínhamos um time de advogados brasileiros e iraquianos para vários tipos de situação, incluindo essas. A fiscalização soube instantaneamente. O Exército chegou em seguida. Meu temor persistia, ainda que inocente. Me levaram para a delegacia, não para a cadeia. Os advogados foram no comboio. Mostramos que o erro estava no mapa fornecido pelo governo. E a fiscalização, felizmente, nos apoiando.

Ufa! Eles reconheceram o erro. Mas estabeleceram uma condição. "Vocês vão ter de ir à cidade para onde era direcionada essa energia e colocar eletricidade lá até ser resolvido o problema definitivamente. E só podem ir à noite". Estranhamos a exigência, mas providenciamos. Pegamos dois geradores dos maiores que tínhamos, pusemos sobre um caminhão e fomos levar ao lugar descrito. Tudo estrada de terra. Foram umas três horas de percurso. Já era por volta das 2 horas da madrugada quando chegamos.

Era um local bem plano, com pista de voo e, em volta, um cenário cheio de túneis. Na mesma hora, caímos na real. Era a construção de um bunker do Exército. Obra de uma empresa iugoslava. Conseguimos instalar os geradores numa subestação. Tínhamos embarcado dois por segurança. E, mesmo não tendo sido culpa nossa, ainda tivemos de pagar a reposição do cabo, que era algo muito caro, e uma multa pesada.

Em meio a esse ambiente velado de guerra, a gente acompanhava de perto a reação do mundo. O conflito com o Irã era sangrento, condenado por vários países e pela ONU. Mas era Saddam de um lado e o aiatolá Khomeini de outro, com sua Revolução Islâmica. Não iriam se entender nunca. Durou quase oito anos, entre setembro de 1980 e agosto de 1988. Envolveu desde disputa territorial até inspiração religiosa, mas, sobretudo, briga pelo controle de poder na região.

Morreram muitos iraquianos e iranianos. Mais de 1 milhão nas estimativas oficiais. Era tudo um tanto estranho. O Irã entrava, o Iraque deixava avançar um pouco e cobria de fogo, numa matança geral. E ocorria também o contrário. Massacres de lado a lado. Nos estertores, havia crianças de 13, 14 anos com rifles nas mãos.

Convivendo com os iraquianos com os quais trabalhávamos, começamos a sentir os sinais de esgotamento da guerra. Me recordo do dia em que acabou. A cena parecia um contrassenso: em Fallujah, eu me deparei com muitos nas ruas, incluindo gente não fardada, dando tiros de metralhadora para o alto. Resumia bem aquilo em que o Iraque havia se convertido.

A PÁTRIA DE CHUTEIRAS FOI COMIGO

Cruzar o Atlântico era um aprendizado de múltiplas lições, mas algumas delas com um script predeterminado: o Brasil era, definitivamente, visto como uma pátria de chuteiras, e o futebol, a despeito disso, era uma língua universal. Quando desembarquei no Iraque, estavam vivas em mim as sensações dolorosas de perda da Copa de 1982 na Espanha, com aquele time magistral de Telê Santana. Ainda em Belo Horizonte no dia do fatídico 3 a 2 para a Itália, fui à praça do Papa com o Gurgel da Terraplan, meu berço no trabalho como engenheiro.

Como milhões de brasileiros, chorei muito. E logo percebi, entre os iraquianos, como aquele lamento não era só meu. Nas regiões centrais ou nos limites, como a fronteira com a Síria, ouviam a palavra Brasil e o futebol vinha à tona. Os lances geniais de Pelé eram invariavelmente invocados.

O futebol sempre esteve em minhas paixões. Aliás, sempre joguei. E jogava direitinho. Era goleiro de futebol de salão naquele tempo em que a bola parecia pesar uma tonelada. Em Bambuí, jogávamos todos os dias. Quatro e meia, 5 horas, a molecada no campo de pelada, meio gramado, meio terra, na praça de Esportes. Quantos amigos fiz nesses encontros! Pedro, o Wellington, muito bom de bola, o Clésio, um primo que eu perderia num acidente de carro, o Cabriola...

E as disputas mexiam demais com nossa cidade. O campeonato de futebol de salão tinha cinco times. A quadra lotava no ginásio aberto da praça de Esportes. Jogos efervescentes. Nosso time era o Guarani, comandado pelo Boi de Touca, que foi técnico de todas as equipes da escola, o Colégio Antero Torres. O clássico era contra o Colégio Agrícola, um ótimo rival, do primo Léo, o Minhoca, grande amigo que faleceu, e cujo goleiro era o excepcional Zé Tierres.

Eu fui parar no gol por ter elasticidade, altura e, tragédia, por ter me saído muito mal na linha. O Léo, bom de bola, me incentivou um tanto: "Você é um dos poucos goleiros que vejo que tem coragem. Vai em cima da bola mesmo". De 1969 a 1971, atuei em todos os torneios, incluindo as olimpíadas estudantis, que reuniam competidores de várias modalidades e dezenas de cidades, variando de sede, como em Bambuí, Ibiá, Luz, Campos Altos, Piunhi, Campo Belo e Dores do Indaiá.

Numa dessas olimpíadas, fiquei conhecendo uma menina de Ibiá, jogadora de vôlei. Da paquera veio o namoro. Ela no Triângulo, e eu já em Belo Horizonte. A Hilma Terezinha Nascimento. Ela ganharia o concurso Miss Minas Gerais, em Uberlândia. Eu namorava uma miss! Mas vivendo longe um do outro, eu sem um tostão no bolso, a relação foi naturalmente se acabando. Mesmo assim, naquele 1972, ainda fui acompanhar a disputa do Miss Brasil, no Maracanãzinho. Ela ficou em sexto lugar.

O futebol, por linhas tortas, tinha me levado a ter uma namorada que virou miss e, anos mais tarde, já no Iraque, me levou também a... Errou quem pensou em uma nova namorada. Me levou a contrair tifo. Num feriado, fui passar um final de semana num outro acampamento da Mendes Júnior, na obra do Sifão, no Leste, fronteira com o Irã e Kuwait. Um projeto audacioso em Nassyria, destinado ao bombeamento da água do Rio Eufrates.

Eram uns 800 km até lá, onde trabalhavam vários amigos. Chegando, fui jogar um futebol. Como a região é mais desértica, batia uma sede tremenda. Não levei minha própria água. Tomei a de uns termos que estavam disponíveis para todo mundo. Em menos de 24 horas já estava passando mal demais. Diarreia, vômito. Para piorar, tive de dirigir todo o caminho de volta. Chegando, me internaram, diagnosticaram a doença. Fiquei pelo menos uma semana, talvez duas, hospitalizado. Depois, por mais uns 30 dias em casa. A sorte: era período da Copa do Mundo de 1986, no México. A sorte dobrada: havia uma televisão com tela "grande" para os padrões da época (talvez umas 30 polegadas) e com sinal ao vivo dos jogos.

E naquela partida das quartas de final com a França, mesmo ainda muito ruim de tifo, chamei uns quinze amigos. Reuni a turma, claro, achando que festejaríamos ao final. Cerveja e churrasco. Não somente brasileiros. O Mister Sabah, fiscal iraquiano, também foi. Mas viria aquela tristeza absurda. A turma chutando porta, amaldiçoando quando o Zico perdeu o pênalti no tempo normal, com a partida empatada em 1 a 1. Para piorar, seríamos eliminados nos pênaltis (4 a 3). Gente chorando, xingando.

Para toda ressaca esportiva existia cura. E as peladas no final da noite e nos dias de folga eram um santo remédio. Como em toda grande obra, envolviam diferentes áreas de serviço ou com catadões de outras nacionalidades – Iraque, Egito, Índia, Somália, Tunísia. Os uniformes de ambas as equipes eram de times brasileiros, como Atlético, Cruzeiro, Atlético Paranaense, da Seleção. O importante, antes de tudo, era a bola não parar de rolar.

ERA SÓ CORRER PRO ABRAÇO

A conexão com o futebol era, indiretamente, uma forma de nos reconectarmos com o Brasil. E um desses reencontros foi, sem trocadilho, uma goleada de emoções. Era começo de 1986, e o Flamengo fazia uma excursão pela Europa. Nessa época, além do Zico, tinha o recém-contratado e badalado Sócrates e o Bebeto novinho ainda. O Edu Antunes Coimbra, irmão do Zico, treinava a Seleção do Iraque e deu um jeito de colocar o rubro-negro numa esticada de roteiro até Bagdá.

De vez em quando, ele ia a nossos acampamentos para passear. Imagina a solidão de um brasileiro morando na capital iraquiana? Ele acabaria saindo antes da Copa do México, quando o Iraque foi dirigido por outro brasuca, Evaristo de Macedo. Em sua primeira vez num Mundial, a equipe acabaria eliminada na fase inicial.

Para nós, torcedores do Flamengo ou não, acompanhar aquela partida seria um espetáculo imperdível. E, evidentemente, nos mobilizamos com antecedência. No dia 5 de fevereiro daquele 1986, pela manhã, partimos em comboio para o estádio. Foi uma festa. Dois ônibus lotados, cedidos pela Mendes. De executivos a peões. Fomos sem ingressos. Não havia venda antecipada, mas ficou previamente combinado com as autoridades que reservariam um portão especial pelo qual nós chegaríamos às arquibancadas.

Mas foi um sufoco e uma bandalheira infernal. Lotadaço! De fora, víamos gente pendurada até nos postes de iluminação. O ônibus parou a uns 200 metros. Só junto ao acesso designado a polícia fez um corredor para que entrássemos. Foi abrir e a multidão, num lampejo, invadiu. Um pandemônio! A guarda reprimiu, meteu o cacete. Muito brasileiro (os policiais não tinham como distinguir) levou bordoada. Batiam forte em quem aparecesse pela frente. Apanhamos como pobres coitados. Um tumulto que poderia ter consequências trágicas, no estilo manada. Foi sobrando gente para tudo quanto era lado. Nos dispersamos todos. Na correria, perdi o pé esquerdo do meu sapato.

Entrei manquitolando e escolhi um canto mais tranquilo, onde havia deficientes, e assisti ao jogo dali sozinho. Ainda assim, foi de tirar o fôlego. Foi a única partida que vi por lá. O estádio Al-Shaab lembrava o Independência, de Belo Horizonte, em sua velha versão. Não era coberto. Agitados, os iraquianos gritavam: "Sócrates, Sócrates" (acentuando fortemente a letra a). O ex-corintiano deixara a italiana Fiorentina e era a atração maior no gramado, ao lado de Zico.

Mas a natureza não ajudava. Era um daqueles dias de tempestade de areia que tornava quase impossível jogar futebol, não somente pelo vento que fazia a bola perder a direção, mas também pela quantidade de pó que quase impedia a gente de respirar.

Com esse início de Mohamed, o goleiro, o Cantarelli, não conseguia nem chutar a bola para o meio de campo, porque a ventania a botava de volta. Tecnicamente, foi uma lástima. O Flamengo, um timaço, ganhou por 2 a 0, gols de Bebeto e Zico. De qualquer forma, não deixou de ser uma festa. Tive a oportunidade de ver Zico, Sócrates e o ainda menino Bebeto jogarem talvez uma das partidas mais exóticas da vida deles.

Perdemos algumas horas para reunir todos na saída. Alguns não tinham nem conseguido entrar no estádio, outros estavam esfolados. Descalço, mas feliz, voltei para o acampamento com a sensação de não ter visto exatamente um evento futebolístico, como o conhecemos da forma clássica, mas com a certeza de ter participado de uma epopeia. Pena não haver autorização para ter levado máquina fotográfica. Mas aí já seria pedir demais, né?

COMO UM RASTILHO DE PÓLVORA

As cenas dos tiros de metralhadora para alto em Fallujah, ao fim da guerra com o Irã, acabaram dando a falsa impressão de que haveria paz duradoura no Iraque. Mas o sexto sentido não me traía. Comecei logo a sentir que não demoraria a vir um novo conflito. E as evidências só aumentavam, agora encampadas pelo discurso local de que Saddam Hussein seria o homem ideal para liderar a formação de um "mundo árabe", que teria o domínio sobre a produção mundial de petróleo.

Era a senha para uma nova aventura armamentista. Ali já surgiam rumores de que as grandes obras tocadas pela Mendes Júnior – os cerca de 850 km de ferrovia, a ultramoderna Express Way, o bombeamento do Rio Eufrates, no Sifão –, eram parte do plano de Bagdá para que se convertesse em capital desse "mundo árabe". Como um rastilho de pólvora, foram realinhando a ofensiva para colocar na alça de mira outro vizinho, o Kuwait, sob alegação de que explorava campos petrolíferos que seriam em terras iraquianas, além de ultrapassar a cota produtiva, afetando negativamente os negócios do cartel do setor.

Preocupado, cheguei a conversar sobre o assunto com fiscais com quem mantinha proximidade. E a resposta deles era como a do governo, parecendo ensaiada: "Não haverá invasão, mas o Kuwait é terra do Iraque desde sempre". Então, essas histórias já corriam. Voltei ao Brasil e retornei a Bagdá para inicialmente ajudar a intermediar reuniões sob aval de Brasília com dois objetivos básicos: viabilizar acertos do governo iraquiano para as pendências financeiras com a Mendes Júnior e programar a retomada das obras no país. Naquele momento, a contundência havia sido ampliada, na linha de "Vai tomar o Kuwait, porque o Kuwait é nosso, pertence ao Iraque".

A EXPRESS WAY, CUJO PROJETO ASSUMI A SUPERINTENDÊNCIA NA RETA FINAL, ERA UMA RODOVIA ULTRAMODERNA

Era uma negociação complexa. A construtora queria que o governo brasileiro, como foi feito, intermediasse essas quitações. Numa operação triangular, a Petrobras repassaria à Mendes montantes que inicialmente iriam para os cofres iraquianos pela exportação de petróleo ao Brasil. Fui como uma espécie de salvaguarda: "Olha, os engenheiros já estão aqui, estudando, com tudo pronto para a retomada dos trabalhos".

E, de fato, fiz os planejamentos do que restava para ser executado na rodovia: guard-rail, sinalização, parte de telefonia (havia um telefone a cada 1 km, instalados pela Philips). Mais à frente, a Mendes me convidaria para tocar a Express Way, a moderníssima pista cujo padrão serviria até para pousos de aeronaves, com proteções removíveis e sinalização que lembrava miniaeroportos.

Topei. No fundo, pensava que nunca mais fosse voltar lá. Como superintendente, ainda tive de costurar muito esses trâmites sobre repasse da dívida. Quem cuidava mais do assunto era o diretor-geral da Mendes no Iraque, muito amigo meu, o Malthus Antônio Soares, pai do tenista Bruno Soares. Eu ia a reuniões em Bagdá uma vez por semana para alinhar essas pendências com ele e um dirigente da Petrobras. Apresentava medições de produção da obra e valores.

Foi um período muito confuso, porque a Mendes Júnior também enfrentava cobranças. A holandesa Philips, que fazia toda a parte de eletrificação, telefonia, exigia US$ 400 milhões. Na primeira reunião da qual participei com o chefe-geral do Exército que comandava a Express Way, num órgão que se chamava SORB (State Organization for Roads and Bridges), eu não tive dúvidas: "Vai ser só rolo, confusão". Cheguei com o Mário Amaro, engenheiro que era o segundo na hierarquia da obra, conhecia de tudo. Eis que nos espantamos com a presença de figuras da Philips no Ministério dos Transportes (ou Infraestrutura???). Fiz o meu papel: fui detalhando o planejamento para a retomada e, a certa altura, foi aparteado pelo chefe da fiscalização. "Vocês estão devendo à Philips...". Surpreso, me dirigi educadamente ao representante do governo: "O senhor me desculpe, mas esse assunto é entre a Mendes Júnior e a Philips, não com a SORB. Se quiserem tratar disso, marquemos uma reunião para esse propósito no meu acampamento". Me levantei e nos despedimos. Era questão financeira e a cúpula da Mendes é que decidiria sobre aquilo, como se acertou depois.

O IRAQUE ERA UMA GRANADA SEM PINO

Com todo o ambiente que foi se formando, não nos perguntávamos mais se Saddam Hussein atacaria o Kuwait, mas quando. Caminhando para o final do mês de julho, a frase "Vamos tomar o Kuwait, porque o Kuwait é nosso" foi ganhando uma contundência assustadora. Então, não foi surpresa quando mais um conflito estourou. Naquele 2 de agosto de 1990, pela manhã, ao chegar a meu escritório em Ramadi, havia uma tremenda agitação coletiva. Alguém logo me comunicou: "O Iraque invadiu o Kuwait de uma forma selvagem. O negócio está muito complicado". Uma força com 170 mil soldados transpusera as fronteiras.

Em nossa comunicação preliminar com o Brasil, feita via telefone em conexão com a Embratel, no Rio de Janeiro, recebi da empresa a orientação de que não deveríamos suspender os trabalhos. Ao final do dia, com a atmosfera em crescente ebulição, comunicamos aos funcionários essa decisão. A conversa, em lugar de uma reação negativa, de uma certa forma transmitia a eles uma sinalização de que a situação se normalizaria.

Mas não foi bem assim. Começava ali um dos maiores exercícios e práticas de gestão de conflitos. Na minha condição de superintendente, era preciso seguir as orientações da empresa para proteger as condições contratuais do projeto, mas também era necessário convencer o ser humano a trabalhar em um cenário de incertezas e insegurança extremas.

Confesso que foi uma noite de sono perturbado e de tremenda angústia e ansiedade. Pela manhã, bem cedo, o pessoal de campo saiu para o trecho. Já a postura da turma do acampamento indicava um grau de desconforto assombroso. Em cantos de corredores, em pátios de oficina, por todos os lados, só se falava na invasão – e nos desdobramentos que poderiam ocorrer. Ninguém estava concentrado no trabalho. E não demorou para que, na outra ponta, surgisse o primeiro cabo de guerra: por volta do meio-dia, horário de almoço, retornavam ao acampamento os grupos de frente de obra. Tinham paralisado suas tarefas. Ninguém mais queria trabalhar e admito que havia pouco a fazer para convencê-los do contrário.

No começo da noite de 3 de agosto, tivemos, minha equipe e eu, nossa primeira reunião com todos os funcionários brasileiros. Era uma discussão difícil. Como executivo, sem dourar a pílula, tinha de tentar transmitir calma e tranquilidade. Na medida do possível, fazer com que retomassem as atividades. Mas era uma circunstância sobre a qual tínhamos pouco controle. E ali não cabia qualquer tipo de ameaça de punição ou exigência. Em resumo, ninguém se sentia seguro o bastante para seguir trabalhando. E os egípcios, por exemplo, já falavam em cair fora de lá o mais rápido possível.

Não havia alternativa. Tinha de ir ao chefe da fiscalização, Mister Nouzad, para comunicá-lo sobre o impasse. Era capitão do Exército iraquiano, funcionário da SORB, departamento do Ministério dos Transportes. Uma pessoa técnica, inteligente. Mas ortodoxo. Tinha em torno de 1,70m, ligeiramente gordo. Bigode ao estilo Saddam. Cabelo crespo, feição típica de árabe, branco, num tom de pele que ia se amorenando. Não era de trato fácil. Seguia à risca as exigências locais, de rigidez na aplicação das normas.

Oscilávamos entre uma relação protocolar e de proximidade, o que numa ocasião incluiu um jantar na casa dele, outro na minha. A esposa ao lado, de burca, quase muda. Alguns finais de semana, ia ao nosso acampamento passear. Adorava me ver tocar violão. Mas dificilmente perdia o ar sectário, doutrinado. Nos comunicávamos em inglês. Ele era dos líderes graduados locais que haviam se formado em Londres.

Ao nos encontrarmos naquele dia no escritório dele, não fiz muito rodeio. Citei rapidamente o cenário de guerra e emendei: "Ninguém quer trabalhar mais não". Ele me olhando e balançando a cabeça negativamente. Antes que tomasse fôlego, prossegui: "Como vamos fazer?". Ele repetiu o discurso padrão. De que só tinham retomado o que era deles. Aquilo aumentou minha preocupação: "Isso aqui vai virar um inferno".

E não demorou horas para que eu recebesse a notícia grave e preocupante: um telex da diretoria do Brasil confirmava que o Iraque tinha fechado todas as fronteiras. Não saía nem chegava ninguém. No quarto dia, veio o embargo comercial decretado pela ONU. E, oficialmente, a ordem da Mendes Júnior, a pá de cal: "Pare a obra". Fui convocado por um irritadiço Mister Nouzad. O questionamento era como se estivesse tudo normal: "Mister Berilo, por que pararam a obra?". Eu meio que devolvi a pergunta: "Mas precisa responder por quê?". Ele mudou instantaneamente de tom: "Isso é um rompimento unilateral de contrato. O Iraque não reconhece a legitimidade do que estão fazendo. Vocês têm de voltar a trabalhar ou vamos multar. A multa começa amanhã mesmo".

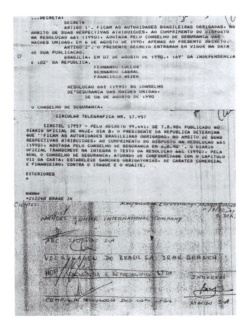

SINAIS DE FUMAÇA: TRECHO DO TELEX QUE CONFIRMA O EMBARGO DA ONU AO IRAQUE APÓS A INVASÃO DO KUWAIT

A área de fiscalização ficava nas proximidades de nosso acampamento. O local tinha estrutura urbana de primeiro nível. Tudo em alvenaria, blocos de pedra à vista. Toda a administração por nossa conta: cozinheiro, secretária, médico. O padrão por lá era o tradicional das repartições públicas: retrato de Saddam Hussein à parede, as mulheres com rosto coberto.

Fiz as ponderações que era possível ter feito. "Mesmo que vocês entendam que a Mendes esteja rompendo o contrato, não há como seguir com a obra. Os brasileiros se negam a ir para o trecho. Os egípcios também. O brasileiro morre de medo dessas coisas". Mister Nouzad agora se enfurecia: "Isso é um absurdo! Como vocês podem pensar assim? Vocês receberam lavagem cerebral dos americanos? E acham que esses americanos vão vir aqui, invadir e pegar o Saddam? Eles entram aqui e a gente acaba com eles num dia. E outro detalhe: Saddam está fazendo a coisa certa, um direito. Alá está do nosso lado". Para eles, nem existia uma guerra em curso: "Não vai acontecer nada. Vocês estão apavorados à toa".

Parecia não haver argumentos. Chocado, retornei a meu escritório no km 32 da Express Way: "Na mão de quem nós estamos!". A Mendes, responsável por um trecho de 120 km da Express Way number 1, rodovia com tecnologia avançada entre Bagdá e a Jordânia, não estava sozinha. As empresas coreana e polonesa que cuidavam de outros lotes da obra também tinham paralisado os serviços.

Em 7 de agosto, um documento da Mendes Júnior não deixava margem para segunda interpretação. "A situação da Guerra do Golfo, configurada pela resolução 661, do Conselho da ONU e endossada pelo governo brasileiro, provocou a frustração dos contratos da Mendes Júnior, conforme previsto em cláusula específica (poder cancelar unilateralmente em caso de guerra). Comunicação pertinente aos assuntos foi trocada com os respectivos clientes. Portanto, não existe, no que diz respeito à Mendes Júnior, qualquer dúvida ou indefinição relativa ao rompimento de seus contratos no Iraque. Os funcionários ora locados no Iraque foram concentrados no acampamento do projeto Express Way, distante 165 km de Bagdá, esperando os vistos de saída".

VIRAMOS ESCUDOS HUMANOS

Pela primeira vez me passou pela cabeça a condição de reféns ao ter de retomar os diálogos com a área de fiscalização. Havia pressão de todos os lados. Entre os peões, principalmente, repetiam como um mantra: "Como vão ficar as coisas? O que é que vai acontecer com a gente? Nós temos de ir embora. Vamos embora". E passou disso para uma insatisfação que pipocava para todo lado, com a turma se tornando indócil. Voltei a conversar com o chefe da fiscalização, mas agora já direcionando para a necessidade de ele ajudar para que começássemos a retirar os funcionários do Iraque. Eu insistia: "Nós temos de pensar em tirar nosso pessoal daqui". Ele respondia, inflexível: "De jeito nenhum. Vá lá conversar com Saddam Hussein. Todo mundo vai ter de ficar aqui, seja trabalhando ou não". Mesmo assim, preparei uma lista de pessoas cujo contrato de trabalho já estava vencendo – e teriam de deixar o país, até por força de lei – e levei a ele. E lá vinha a sabatina sobre execução de garantias, multas, até mesmo medidas drásticas, como prisão, se a obra não fosse retomada.

De qualquer forma, apresentei a lista ao Mister Nouzad: "Esse pessoal cujo contrato venceu tem o direito de ir embora". Eram de 20 a 30. Ele esbravejou, mas, imediatamente deu o aval para que os nomes fossem encaminhados ao Ramid, o iraquiano que cuidava dos vistos (diziam que era do Baath). Do lado esquerdo, o texto em inglês, do lado direito, em árabe. Só era chancelado com o 'de acordo' da SORB. E ele viria.

VINDE A NÓS, BRASILEIROS

Eu acreditava que o panorama começava a se clarear com aquele primeiro aceno positivo, mas a realidade me punha de volta à gravidade do que de fato vivíamos. Me chega um comunicado da Mendes, assinado pelo doutor Murillo Mendes, determinando que eu teria de receber em nosso acampamento todos os brasileiros que moravam no Iraque e no Kuwait. Pandemônio à vista. Casas, dormitórios, dois hotéis, dois alojamentos, haveria espaço suficiente. A Mendes mantinha ainda outra base no projeto do Sifão e o escritório em Bagdá. Em Ramadi, estávamos a 340 km da fronteira da Jordânia. Seria um lugar mais distante do conflito e mais seguro do que a capital, na iminência de ser bombardeada.

Éramos, naquele momento, 120 funcionários na Express Way – 107 brasileiros (de um total de 285 que a construtora mantinha no país), oito iraquianos, dois djibutianos, dois egípcios e um tunisiano. Passamos aquela noite preparando acomodações para um número ainda imprevisível de "hóspedes". Pularíamos para 230 alojados, e só subindo... Havia ainda os que trabalhavam na embaixada, Engesa, Volks, Rodio, Interbras (braço da Petrobras), Siderpo, ABC, Composite, Avibras e Maxion. Dessas eram 129 pessoas. Recebi mais gente do que eu tinha na obra.

No decorrer dos dias 4 e 5 de agosto, vieram homens, mulheres, crianças, famílias inteiras. Chegavam com aquele olhar de incerteza, tristeza por haver deixado tudo para trás em suas residências, em seus trabalhos e negócios. Já os egressos do Kuwait não escondiam o grau de aflição pelo que haviam passado e testemunhado na invasão daquele país. Era com desespero que comentavam as situações de fuga. Tinham saído às pressas. Vindo nos próprios carros. Estrangeiros que trabalhavam como subempreiteiros da empresa – dois holandeses e um alemão – também foram abrigados nesse começo por nós. Esses, por questão de segurança, nunca eram mencionados em nossa lista de hóspedes.

TRANQUILIDADE SÓ NA FOTO: SOB O TEMOR DE GUERRA, O ACAMPAMENTO
32 RECEBEU EMERGENCIALMENTE TODOS OS BRASILEIROS

 Eu tinha solicitado ao pessoal da administração que fosse a todas as casas para ver o que precisava ser arrumado. Mas foi tudo tão rápido, que a maioria ficou sem inspeção. Então, entregávamos as chaves e pedíamos que os ocupantes cuidassem dessa checagem. Do Sifão desembarcavam famílias inteiras, incluindo crianças. Por lá ficaram só uns nove funcionários. Nesse caso, era para manter o bombeamento do Rio Eufrates – do contrário, haveria uma inundação.

Dos que chegavam, ficava sob minha guarda cada um dos passaportes. E cuidei de montar uma lista de todo o grupo, com origem, classificação entre homens, mulheres e crianças. Em 9 de agosto, sete dias após o início do conflito, o efetivo de brasileiros que haviam vindo do Kuwait e do Iraque estava assim distribuído em nosso acampamento:

Local	Adultos	Crianças
EMBAIXADA DO BRASIL	9	3
INTERBRAS[1]	8	2
ENGESA – Engenheiros Especializados S.A.[2]	41	18
MAXION[3]	18	—
VOLKSWAGEN DO BRASIL[4]	18	—
SIDERCO TRADING S.A.[5]	3	—
COMPOSITE TECNOLOGIA INDÚSTRIA E COMERCIO LTDA	3	—
AVIBRAS INDÚSTRIA AEROESPACIAL S.A.[6]	3	—
ABC SISTEMAS S/A	1	—
RODIO	2	
Total = 106 adultos e 23 crianças. Representando um total de 129 "hóspedes".	106	23

1 Estatal 100% controlada pela Petrobras.

2 Empresa já fora de atividade, especializada em construção de veículos de guerra, como os Tanques Urutu e Osório e outros equipamentos bélicos mais ágeis e eficientes dos quais o Exército de Saddam Hussein fazia uso. Naquela época, engenheiros e técnicos brasileiros trabalhavam em um sistema de direcionamento do míssil Scud (míssil móvel, de origem soviética, com curto alcance de 500 km), convertendo-o de um míssil balístico para um míssil dirigido.

3 Equipamentos e máquinas agrícolas comercializadas no Iraque.

4 Importava para o Iraque veículos Passat, em modelo especial fabricado no Brasil

5 Representantes comerciais e agentes do comércio de mercadorias em geral não especializado.

6 Companhia brasileira que projetava, desenvolvia e fabricava produtos e serviços bélicos – de artilharia, sistemas aéreos, foguetes e mísseis. A empresa produzia também veículos armados.

Vinha gente de todos os lados. O nível de estresse beirava o máximo enquanto alojávamos todos. Já no dia 14 de agosto, com a presença de mais 105 brasileiros que trabalhavam na outra obra da Mendes (Sifão, próximo a Basra, ao Sul), esse total alcançava 354 pessoas.

Impossível não enfrentar uma confusão inicial. Tive de começar a adotar certas normas. As famílias iriam para as casas. O peão, se solteiro, para o alojamento. Eu circulava com os chefes de cada empresa e apresentava as instalações. Qualquer medida coletiva que eu fosse tomar como regra, comunicava a cada um desses líderes. No hotel, muito bem equipado, ficavam os solteiros de cargo mais graduado, médico, algum engenheiro. Até ajustarmos a rotina, o que nos consumiu pelo menos duas semanas, foi incrivelmente complicado.

Ao mesmo tempo, as primeiras notícias da reação do mundo alcançavam nossos ouvidos pelas emissoras de rádio que conseguíamos sintonizar naquele deserto, principalmente a BBC de Londres. O sentimento era de pavor. Os números assustavam. Eram, naquele momento, mais de 70 navios de guerra, 302 aviões de combate, 40 helicópteros militares e mais de 20 mil soldados de sete países que estavam no Golfo Pérsico ou imediações.

NO ESCRITÓRIO, EU COM O IMENSO PÔSTER OBRIGATÓRIO DE SADDAM HUSSEIN E OS QUADROS DE PRODUÇÃO

Acuado pelas tropas internacionais, Saddam Hussein reagiu segurando como reféns milhares de ocidentais. As razões pelas quais o regime dele mantinha os brasileiros no Iraque eram as mesmas pelas quais o ditador segurava no país aproximadamente 3 mil americanos e 4,5 mil ingleses, além de outros estrangeiros. Nas mãos de Saddam, os estrangeiros funcionavam, em primeiro lugar, como escudo humano contra um eventual ataque aéreo das forças lideradas pelos Estados Unidos. Poderiam, eventualmente, servir de moeda de troca numa negociação que permitiria ao dirigente sair da enrascada em que tinha se metido ao invadir o Kuwait. Além disso, pela lógica da guerra, se começassem a faltar alimentos, os estrangeiros, obviamente, seriam os primeiros a sentir os efeitos do bloqueio.

A realidade era que nós, os 408 brasileiros ali acomodados no nosso acampamento, éramos reféns de Saddam Hussein.

SOBRAVA MEDO. E SE FALTASSE COMIDA?

O desgaste era intenso. Jamais havia passado por situação extrema como aquela. E meu posto, antes de tudo, exigia manter o equilíbrio, a concentração, o comando, o bom senso, a sanidade. Era uma tarefa das mais árduas. Para enfrentar esse turbilhão, apelei para todas as lições aprendidas até aqueles 36 anos. Os ensinamentos básicos de educação dados por meus pais, o raciocínio desenvolvido nos anos de escola e universidade, a disciplina e o comando aprendidos no Exército ao longo do serviço militar no CPOR. Não eram poucos nem pequenos os desafios a superar.

Nosso estoque de comida, claro, estava entre as preocupações centrais. Como alimentar 420 (o que incluía 12 da imprensa) pessoas sem nem mesmo saber por quanto tempo? Para a economia dos alimentos, uma primeira medida tomada por nós foi o fechamento do supermercado. Era exclusivo dos funcionários e das famílias da Mendes e não havia como controlar a venda para os hóspedes. Assim, determinei que todo o consumo fosse feito no refeitório do hotel do acampamento.

Mas os cuidados iam bem além disso. Teríamos também de pensar em racionamento de água e energia, para o que estabeleci limites de gasto. No caso dos geradores, por exemplo, era um trauma. Sem eles, ter refrigeração, luz ou poder ligar uma máquina virariam miragem.

Começamos com oito. Ao finalmente sair de lá, tínhamos só um operando normalmente. Estragava e íamos canibalizando, tirando peça de um para outro. E eu mesmo havia ajudado a arrumar, auxiliado por um camarada que, como eu, não era especialista. Todos os mecânicos, a essa altura, já tinham ido embora. Fiquei tão traumatizado, que, ao voltar ao Brasil, dormia "procurando" o barulho do gerador. Às vezes, acordava em pânico por ele "ter parado".

Então, a preocupação era geral. Alertas sobre cachorros selvagens, cuidados com desidratação, risco de acidentes na área industrial. Até eventuais saídas do acampamento em carro eram monitoradas. Seria preciso, para liberação em controles de barreira, circular com formulário especial preenchido e assinado por pessoas autorizadas, como eu, Mário Amaro, o segundo na superintendência, e os diretores Jefferson Eustáquio e Malthus Antônio Soares.

A POPULAÇÃO DO ACAMPAMENTO DOBROU, O QUE NOS COLOCAVA SOB RISCO DE FALTA DE ALIMENTOS

Nos angustiávamos por lá e sabíamos que as famílias dos brasileiros se angustiavam também por aqui. E a dificuldade de comunicação, que já seria normal, se tornava ainda maior num cenário de guerra. Tudo era feito via Embratel, por meio de uma telefonista. Do Rio de Janeiro era contatada uma torre na cidade de Ramadi. Não havia um horário fixo para a entrada dessas chamadas. Então, fazíamos turnos para ficarmos 24 horas em alerta. Era um alívio e uma emoção de fazer chorar quando uníamos familiares nas duas pontas da linha. Formavam-se grandes filas em frente ao escritório à espera dessa sorte, a partir da listagem que cada líder de empresa havia nos indicado. Para reduzir até mesmo o desespero de quem eventualmente esperava em vão, passamos a anotar as mensagens e, havendo conexão, eram repassadas aos parentes. Nos tornamos praticamente íntimos de duas das telefonistas da Embratel, que nos acolheram com uma solidariedade ímpar.

E SE CONFISCASSEM NOSSOS ALIMENTOS?

Desde o primeiro momento, ainda que com zilhões de desafios de toda ordem nos atormentando, me acendeu a luzinha de alerta: "Temos de nos preocupar severamente com a questão da comida". Tínhamos um contingente aproximado entre 180 e 200 trabalhadores na Express Way. Fosse somente para eles, nossos estoques dariam para um período de seis a oito meses. Para nossa sorte, havíamos realizado a última compra com um mês de antecedência. Eram três caminhões de alimentos. No limite do fechamento das fronteiras, dois conseguiram entrar pela Turquia.

A partir de nossos escritórios no Brasil eram adquiridos produtos de fornecedores turcos e de Portugal. Arroz, feijão, carne (principalmente frango), macarrão, cerveja, refrigerante, água mineral, biscoitos, manteiga, óleo, sal, café, farinha de trigo. Internamente, comprávamos mais frutas e legumes, como tomate, pepino, hortaliças. A carne, por exemplo, representava diariamente uma cota pessoal de 300 gramas. Tudo numa estimativa que tínhamos na ponta do lápis.

Assim, o leite em pó era minha maior dor de cabeça, pois tínhamos 1.018 kg. E, diante do embargo estabelecido pela ONU, eu temia até mesmo que o governo nos confiscasse parte do estoque de alimentos. O que me levou a blindar esse nosso levantamento interno da forma como protegia os passaportes dos brasileiros em meu poder. Havia cálculos à disposição para tentar evitar riscos de desabastecimento, mas como conciliar isso com a proibição de importar? Então, já nos momentos iniciais dessa crise se falava que faltaria comida no Iraque. De leite até arroz. Nos primeiros 15, 20 dias, esse discurso se intensificou. As próprias autoridades batiam nessa tecla, especialmente quanto ao leite. Era tão grave, que, mais adiante, o governo iraquiano barganharia nossa saída em troca de alimentos – ainda que não haja comprovação oficial de que tenha sido atendido, suspeito que, no paralelo, isso ocorreu.

Aquilo nos impôs, se não um racionamento, uma espécie de racionalização do consumo no acampamento. Se o contingente de pessoas para ser alimentado havia mais que dobrado, a projeção pessimista era: o prazo de duração do estoque, com muita sorte, cairia pela metade. Três meses, talvez.

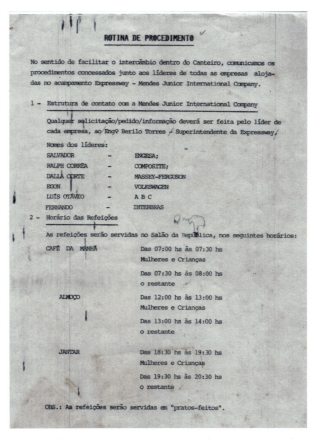

ESTABELECEMOS UMA SÉRIE DE NORMAS, O QUE IMPLICAVA ATÉ RACIONAMENTO DE ÁGUA E ENERGIA

Inicialmente livres, o almoço e o jantar vinham redundando em muito desperdício. Imagino que até efeito da ansiedade geral. Um tumulto e tanto. Aglomeração, falatório. Daí, estabelecemos a prioridade para uma primeira turma, de mulheres e crianças. Depois, os hóspedes homens de fora. Por fim, seríamos nós, os funcionários da Mendes Júnior. Fiz planilhas de projeção, chegando a uma média global de 70 quilos diários de gasto.

MINHA RESIDÊNCIA NO ACAMPAMENTO 32, UM CANTINHO QUE EMBALOU UM PERÍODO DE SONHOS E TAMBÉM DE NOITES MAL DORMIDAS

Ao fim da primeira semana, mudamos. Em lugar de refeições à vontade, definimos que seria um PF. A proposta deu certo, a cota baixou. E melhor: com a compreensão de todos. Ou quase todos. Com os trabalhadores da empresa a situação era mais delicada, pois o compromisso que tínhamos com eles era mais efetivo. Estavam ali por conta da construtora, sob minha responsabilidade.

Mas eu tinha convicção de que enfrentar a dura realidade nos livraria de situações mais drásticas. Para esses esforços contei com uma equipe fantástica, de primeira categoria, e ainda generosos voluntários. Ajudou também a sintonia com a diretoria, remando no mesmo sentido. Uma menção especial ao Mário Amaro. Já com o visto em mãos, porque havia vencido o contrato, ele esperou até a data limite para partir. "Vou ficar aqui até o último dia". Ficou e auxiliou de uma forma imprescindível.

Não havia, porém, como relaxar. Persistia meu receio de que, dependendo do agravamento de escassez no país, o Exército iraquiano invadiria o acampamento e se apossaria de nossos estoques, confiscando tudo de gênero alimentício. Sob esse temor, e mirando uma eventual saída às pressas num caso de emergência, bolamos um kit secreto com produtos como arroz, macarrão e óleo. Tudo era envolto num saco plástico, em torno de uns 15 kg. E mandei colocar debaixo do forro de cada casa. Poderia, numa circunstância extrema, ser nossa salvação.

AJUDA AÍ, TURMA DA IMPRENSA

Por outro lado, a imprensa brasileira passou a repisar muito a preocupação sobre alimentação, mas de uma maneira alarmista e contraditória: "Está faltando comida para os brasileiros no Iraque", anunciavam uns, erroneamente. Outros registravam: "A situação está sob controle e não falta comida aos brasileiros". Eu enlouqueceria se desse crédito àquelas notícias. Tive de manter o foco no que se passava no acampamento e seguir tentando administrar da maneira mais realista possível.

Mas ocorre que toda comunicação de famílias que vinha do Brasil, por meio dos telefonemas, invariavelmente questionava se de fato o pessoal tinha pouco a comer. E fiquei numa situação delicada. Não podia falar que havia o bastante, com medo de ocorrer confisco por parte das autoridades iraquianas. E também não admitiria que estava por faltar, porque seria o caos. Até mesmo entre os funcionários, esse conhecimento era restrito a mim, ao encarregado de cozinha, o cozinheiro e o garçom, que ajudavam a fazer os tais cálculos. Chegamos a um ponto que começou a incomodar. Todos os dias, os repórteres me perguntavam: "Tem comida ou não tem?". Até que chamei para uma conversa o William Waack, então no jornal *Estado de S. Paulo*, o primeiro jornalista brasileiro a entrar no Iraque após o conflito e o último a sair (aliás, foi preso, acabou escrevendo um livro a respeito, *Mister, You Bagdad – dois repórteres na Guerra do Golfo*). Expus a situação e como aquilo causava intranquilidade. Ele prometeu ajudar: "Deixa comigo". Conversou com alguns repórteres, como o José Meirelles, de *O Globo*, e o Silio Boccanera, da Rede Globo. Acho que deu uma controlada. As notícias passaram a ser menos sensacionalistas.

Os próprios repórteres ficavam hospedados no hotel cinco estrelas que havia lá. Não pagavam nada. Por questão de segurança, eu nem poderia revelar que estavam conosco. Eram uns cinco. Faziam entrevista comigo quase todo dia. Confesso que, quando a imprensa chegou, fiquei entre o alívio, por julgar que representaria um alento à segurança, e a surpresa. Logo perguntei ao William Waack, levado a mim para um primeiro contato: "Ué? Como conseguiu entrar aqui?". Havia acessado pela Jordânia, acho que contratando um táxi ou coisa parecida.

Falta de sorte

Quando o avião com a seleção de futebol júnior do Kuwait sobrevoava a capital do país na madrugada do último dia 2, no regresso de uma temporada na Hungria, o técnico do time, o gaúcho Valmir Louruz, não poderia imaginar que lá embaixo o que esperava os passageiros eram as tropas invasoras iraquianas. Há pouco mais de um ano no comando da seleção de juniores do Kuwait, Valmir, de 46 anos, ex-jogador do Palmeiras, de São Paulo, e do Internacional, de Porto Alegre, teve o azar de retornar àquele país logo no dia da invasão.

Do aeroporto, Valmir seguiu direto para a embaixada brasileira no Kuwait, de onde conseguiu telefonar para a família, em Porto Alegre, dizendo que estava bem. Essa, porém, foi a última vez que entrou em contato com o Brasil. "Estamos há mais de duas semanas sem notícias", afirma sua mãe, Maria Galvão Louruz, de 67 anos. "O tempo passa e a angústia aumenta", acrescenta, sem esconder o nervosismo. Angustiados e nervosos estão também seus irmãos, a esposa, Marli de Souza, 22 anos, e os cinco filhos de Valmir, que está em seu terceiro casamento. Ela viu o marido pela última vez em maio, quando Valmir esteve no Brasil, e pretendia se encontrar com ele no dia 24 deste mês, no Kuwait, para onde viajaria com o filho mais novo, Guilherme, de 2 anos. Ficariam juntos até fevereiro do ano que vem. Os outros quatro filhos planejavam passar as férias de verão com o pai, que voltaria definitivamente para o Brasil em junho do ano que vem, a data em que expira seu contrato com o emirado do Kuwait, agora anexado "eternamente" ao Iraque.

Até receber a notícia de que todos os brasileiros no Kuwait estavam sendo transferidos para o Iraque, no final da semana passada, Marli ligava todos os dias para a embaixada brasileira na capital kuwaitiana, mas só ouvia árabe do outro lado da linha. "Nenhuma palavra em inglês, e depois nem isso", afirma. "As ligações simplesmente não se completavam." Agora, a única imagem que a família tem de Valmir é uma foto do azarado treinador ao lado do xeque Fahd Sabah, uma espécie de ministro dos Esportes do governo do Kuwait, morto pelos soldados iraquianos na defesa do palácio de seu irmão, o emir deposto Jaber Ahmed Sabah.

INTERNACIONAL

Brasileiros em poder de Saddam

Impedidos de sair do Iraque, 450 brasileiros se tornam reféns no conflito do Golfo Pérsico

Em nome do governo brasileiro e com base no tradicional e amistoso relacionamento entre Iraque e Brasil, exorto à *alta compreensão de Vossa Excelência para que seja autorizada a partida do Iraque de todos os brasileiros que desejam assim proceder.*
Fernando Collor, em carta ao presidente iraquiano Saddam Hussein, com data do dia 10 de agosto

O governo do Iraque está nos enganando, e ao senhor também.
Frase de um diplomata brasileiro ao embaixador do Iraque em Brasília, Qais Tawfiq Al-Mukhtar, na quinta-feira dia 16

Durante muitos anos, o Brasil pensou estar a salvo dos terríveis dramas que, de tempos a tempos, afligem as nações ricas e poderosas, empenhadas em defender seus interesses nas regiões mais inflamáveis do planeta. O intervalo de seis dias entre a cerimoniosa carta de Collor ao ditador Saddam Hussein e o desabafo nada diplomático de um alto funcionário do Itamaraty perante o atônito representante iraquiano assinala o momento em que essa idéia caiu por terra. Sem pretensão de agir como potência nem a mais remota intenção de colocar a mão no vespeiro do Oriente Médio, o governo brasileiro teria recebido a notícia da invasão do Kuwait pelo Iraque, no dia 2 de agosto, como uma ferroada no plano econômico, devido aos transtornos no abastecimento de petróleo *(veja reportagem à pág. 88)* e à previsão de uma ligeira queda nas exportações.

Agora, porém, o país constata, estarrecido, que tem ao menos uma coisa em comum com os Estados Unidos, que estão a um passo de deflagrar uma guerra quando vários milhares de seus cidadãos ainda se encontram em território inimigo à mercê

A família do técnico Valmir, que chegou ao Kuwait no dia da invasão, e a foto com o xeque Fahd: duas semanas sem receber notícias

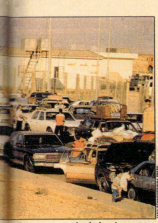

...êxodo do país em guerra

do o calor de 50 graus à sombra e a falta de água para escapar à guerra iminente. "Estamos aliviados por estar de volta antes que o Iraque resolvesse fechar as fronteiras", contava José Carlos de Moura, empregado da Mendes Júnior.

Comparadas, no entanto, à tenebrosa situação dos americanos e dos ingleses no Iraque — concentrados por ordem do governo em dois hotéis de Bagdá, onde são mantidos sob severa vigilância policial —, as condições em que os brasileiros têm vivido até agora não são das piores. Eles dispõem de liberdade de movimentos dentro do país, e o acampamento da Mendes Júnior na Expressway, que já chegou a abrigar há alguns anos mais de 3 000 trabalhadores brasileiros, é uma verdadeira cidade em pleno deserto. Tem supermercado, igreja, quadras de esporte e "até piscina", como enfatizou o chanceler Rezek, para em seguida se corrigir: "De nada adianta piscina e despensa cheia se há medo".

Medo, mesmo, devem ter sentido os americanos e os ingleses na noite da última sexta-feira, ao ouvir o comunicado do governo iraquiano informando que todos os cidadãos de "nações agressivas" em relação ao Iraque estavam sendo declarados oficialmente como reféns. Na mesma noite, segundo a rede de televisão CBS, 35 americanos, entre os quais quatro crianças, foram transferidos de Bagdá para áreas militares estratégicas, como arsenais e fábricas de armas químicas, com a finalidade declarada de servir de escudo diante de um eventual bombardeio. É difícil imaginar que os brasileiros no Iraque sejam tratados de maneira tão brutal, mesmo em caso de um agravamento do conflito. "O Brasil não pode ser considerado um país agressivo", observava um graduado diplomata do Itamaraty, ao lembrar que o governo brasileiro apenas endossou uma decisão aprovada por toda a comunidade internacional. No entanto, no rumo que as coisas estão tomando no Iraque nada mais pode ser considerado impossível.

rança dos brasileiros naquele país, uma alternativa que permite cogitar em trocar frangos por reféns, como chegou a sugerir o embaixador iraquiano na semana passada. A opção é dura e aflige dezenas de outros países.

MEDO — Enquanto essa dúvida hamletiana pairava sobre o Itamaraty, a incerteza sobre o destino dos brasileiros no Iraque trazia um ingrediente amargo à festa dos que conseguiram voltar a tempo. A maioria deles desembarcou no Aeroporto do Galeão, no Rio de Janeiro, depois de uma escala na embaixada brasileira em Amã e de atravessar, de carro, a congestionada fronteira entre o Iraque e a Jordânia, onde milhares de estrangeiros, em sua maioria imigrantes de outros países árabes, submetiam a dias inteiros de espera, enfrentan-

Último a sair

Desde a invasão do Kuwait pelo Iraque, dia 2, a família do engenheiro Berilo Torres não dorme direito, como milhares de outras famílias, no mundo inteiro, com parentes nos dois países conflagrados. Aos 35 anos, ele é o superintendente das obras da Construtora Mendes Júnior no Iraque. A agravante no caso dos Torres é que o próprio Berilo comunicou por telefone à irmã mais velha, a artista plástica Belkiss Torres de Miranda, que só vai embora "quando o último brasileiro" sair do Iraque.

Belkiss conta que a aflição tomou conta da família, sobretudo dos pais, que moram em Bambuí, no interior de Minas Gerais. "Cheguei a pedir para que eles parassem de ver televisão por telefone para não ficar tão preocupados, mas não consegui", comenta, em seu apartamento de Belo Horizonte, onde concentra todas as informações sobre o irmão e as repassa ao resto da família. "Não sabemos como vai se desenrolar essa guerra", diz o marido de Belkiss, Tadeu Chaves de Miranda. "Antes mesmo, com Berilo lá, nós nos acostumamos com a guerra Irã-Iraque, mas agora a coisa é mais grave", preocupa-se.

Berilo Torres passou uma primeira temporada nos acampamentos da Mendes Júnior no Iraque de 1983 a 1987, quando conheceu sua atual esposa, a professora Cida, também mineira. Em meados de 1988, o casal retornou ao Oriente Médio. Berilo, desta vez, assumiu a responsabilidade pelas obras do trecho de 130 quilômetros da Expressway, estrada que a empresa brasileira está construindo entre Bagdá, a capital, e a fronteira com a Jordânia (veja mapa à pág. 41).

Belkiss observa que o engenheiro, embora tenha um retrato do ditador Saddam Hussein pendurado na sala onde trabalha, "não tem muito amor pelo Iraque". Na última carta que a irmã de Berilo recebeu, em 27 de julho, ele e a esposa reclamavam da temperatura de 54 graus à sombra e da falta de opções de lazer no acampamento, o que levou o casal, no mês passado, a assistir ao mesmo filme quatro vezes.

Belkiss, irmã do engenheiro Berilo (na foto acima, com o retrato de Saddam), e a família, em Belo Horizonte: "Ele só vai embora quando o último brasileiro sair"

VEJA, 22 DE AGOSTO, 1990

REPORTAGEM DA REVISTA VEJA REGISTRANDO NOSSO DRAMA DE REFÉNS: MINHA IRMÃ, BELKISS, FOI UMA DAS ENTREVISTADAS

Domingo, 2 de setembro de 1990 — Exterior — ESTADO DE MINAS • 21

Brasileiros querem intervenção de Collor

WILLIAM WAACK
Enviado especial da Agência Estado

BAGDÁ — Não era brincadeira. Ninguém ria ou fazia piadas enquanto o rapaz alto e forte falava. Alguns continham as lágrimas tapando o rosto com as mãos. "Por que o presidente Collor não faz como o presidente da Áustria e vem aqui nos buscar? Por que estão fazendo isto com a gente? Nós só queremos ir para casa" — disse o moço, a voz embargada. Construíram engenheiros da Mendes Júnior não sabiam mais o que dizer aos seus homens, anteontem, no acampamento que a empresa mantém à beira de uma fantástica auto-estrada, a 215 quilômetros a oeste de Bagdá. Muitos dos 203 brasileiros que ainda vivem neste lugar estão nervosos, tensos e alguns simplesmente exasperados. Não acreditam nas informações que recebem dos superiores e sentem-se abandonados.

"Sinceramente, espero que esta situação se resolva logo" — diz o engenheiro Berilo Torres, os cabelos totalmente brancos, apesar de seus 36 anos de idade. Afável, inteligente, sempre bem-humorado e disposto, ele é, o homem que tenta esperança nos homens que ficaram. É para esses que o governo iraquiano ainda não deu o visto de saída, argumentando que cabe a eles, os mais humildes, garantir que a sua empregadora cumpra os contratos.

Não falta arroz, nem carne ou feijão, e isto até, pelo menos o fim do ano. Não falta combustível para o gerador de energia elétrica, nem água na piscina, bolas de futebol ou tênis, remédios no ambulatório, gasolina para os veículos, fitas para o videocassete ou telefones para o Brasil. Falta ter o que fazer e, principalmente, a perspectiva de ir logo para casa. O desespero de se sentir como prisioneiro começa a tomar conta de alguns brasileiros.

"Se o Saddam Hussein disse que os brasileiros podiam ir embora, quem está segurando a gente aqui?", quer saber um eletricista, homem com quatro anos de experiência no Iraque. "Estou há 27 anos nesta firma" — diz um trabalhador idoso, gago, os cabelos grisalhos e as costas curvadas. "Como foram fazer isso comigo, me deixar preso aqui assim, sem poder ver minha família? Nunca passei por uma raiva tão grande na minha vida".

Para os engenheiros, médicos e pessoal de nível técnico elevado no acampamento, não há ilusões ou qualquer dúvida: eles sabem que a decisão iraquiana de não deixá-los é política. Eles têm negociado todo dia com esses clientes — é assim que se referem aos funcionários ministeriais aos quais estão subordinados —, mas consideram difícil fazer os chefes, que são maioria no Iraque, entenderem o que acontece. O pessoal mais simples só tem uma coisa na cabeça: e embora a mais depressa possível para casa.

"Não corra à empresa que nos pôs aqui? Então agora é que nos tire. Ou ela está devendo dinheiro para o Iraque" ou ela nos segura aqui para conseguir mais aquela obra que eles queriam assinar com eles?" — pergunta outro trabalhador, nada exaltada. A reunião ocorre de forma espontânea num dos clubes que a empresa mantém dentro do acampamento. São pelo menos três num terreno que já, abrigou instalações dignas de uma cidade de porte médio: hospital com 22 leitos, vários restaurantes, duas escolas, alojamentos, oficinas, pátios de reparos, praças, bares, setor de esportes. Cerca de três mil pessoas já viveram ali, quase 40 crianças nasceram no hospital melhor equipado do que milhares de municípios brasileiros ou iraquianos.

Só que tudo hoje parece uma cidade fantasma de filme de faroeste. A paisagem é triste e desolada. Terra amarelada em qualquer direção, absolutamente plana. O calor move as coisas à distância e não deixa que se identifique a linha do horizonte. Às dezenas de caminhões, tratores, máquinas e outros equipamentos que a empresa usou para construir rodovias e ferrovias estão enfileirados, como fileiras de soldados tombados de forma diversa por acontecimentos políticos.

Javier Perez de Cuellar esteve sexta-feira com o ministro do exterior iraquiano Tariq Aziz

O vento oeste, seco e quente, matou há muito tempo as mudinhas de árvore e secou as plantas.

"Esse acampamento já foi tão cheio de vida, hoje me dá uma melancolia quando vejo ele" — diz o dr. Arnaldo, um mineiro de Belo Horizonte que ainda não esqueceu do orgulho quando mostra o equipamento do "seu" hospital, agora todo encostado num canto. "A gente já ia mesmo entregar a obra e ir embora, mas o tempo neste triste fim de festa" — prosseguiu.

Os trabalhadores reunidos no salão do clube — um galpão com ar-condicionado onde há televisão de circuito fechado e várias mesas de sinuca — confessam que seu estado de espírito nada tem de contemplativo. "Estou de saco cheio de ficar aqui sem fazer nada. Minhas férias, no Brasil iam começar agora e estou aqui de prisioneiro, de refém" — diz um deles. Outro quer corrigir a impressão que familiares lhe transmitiram por telefone do Brasil. "Eles pensam que a gente está aqui comendo, dormindo, não faz nada e ganhando dinheiro, mas a gente está mesmo desesperado, sem saber o que acontece, se sentindo sacaneado" — diz Berilo, o engenheiro-chefe, e Malthus, o diretor da Mendes Júnior para o Iraque, mantém extraordinária capacidade de diálogo e invejável calma. Eles procuram conversar individualmente com os trabalhadores, já que reuniões com grupos maiores acabam com ânimos exaltados. Decretaram "lei seca" que vem sendo obedecida à risca — o prêmio para o vencedor de anteontem do torneio de futebol de salão foi uma caixa de refrigerantes. "Manter a cabeça fria é essencial" — diz Malthus.

Os trabalhadores não só duvidam das informações de que algo está sendo feito pelo governo e firmas brasileiras para tirá-los de lá como ainda têm "provas", para isso. Eles sabem — participaram da construção — que a enorme e perfeita via expressa à beira da qual vivem, trecho cem quilômetros mais adiante, tem uma reta de 3.740 metros pavimentada de maneira a poder receber aviões como os de um Boeing 747.

"Então é só virem os aviões do Brasil, pousarem ali tirar a gente. Se o presidente da Áustria, que é um país pequeno, conseguiu vir aqui de avião e levar embora o pessoal dele, por que o nosso não pode? Os iraquianos acham que o Brasil é um país amigo, eles deixariam a gente sair", comenta um trabalhador, sob os olhares e gestos de aprovação dos vizinhos.

O pessoal mais exasperado é o que acaba de vir do sul do Iraque, onde a Mendes Júnior participa de um ambicioso projeto de irrigação e recuperação de áreas agrícolas, já pronto quase pela metade. Esses homens foram trazidos para o acampamento da via expressa para ficarem mais próximos da fronteira com a Jordânia no caso de retirada, e agora sentem-se duplamente frustrados. "Mas tem brasileiro que saiu, tem gente que saiu daqui mesmo para casa. Por que eu não?", queixa-se um rapaz franzino, os olhos muito sérios e a ponto de chorar.

"Eles não conseguem entender que entre os iraquianos há muita diferença na maneira como tratam a gente" — comenta o engenheiro Berilo. De fato, dependendo do ministério, as coisas podem ser muito diferentes. A construção de uma estrada é supervisionada pelo Ministério da Habitação. A do sistema de irrigação, pelo da Agricultura. Além disso, os trabalhadores brasileiros que residem no Iraque caem em setores diferentes de administração regional, por sua vez influenciados de forma diversa por acontecimentos políticos.

Os burocratas iraquianos no Sul, por exemplo, que estão próximos de uma possível batalha, são mais estritos e costumam pronunciar ameaças. "São mesmo xiitas", comenta um funcionário da Mendes Júnior. Os do norte do país, onde está o acampamento da empresa, mostram-se acessíveis ao argumentos de que cláusulas aditivas sob as quais trabalham muitos no Iraque, significam fim do cumprimento do contrato e poderiam ser interpretadas como forma de liberação desses brasileiros.

Junto aos trabalhadores que sempre estiveram nesse acampamento, aliás, é possível observar alguns poucos momentos de descontração. Eles aproveitam a presença do repórter para pedir notícias do Brasil e mandar recados indiretos aos chefes. Queixam-se dos filmes que estão sendo mostrados no circuito interno de TV, na sua opinião muito repetitivos.

"Não dá para passar de sacanagem?", pergunta um deles, um rapaz corpulento, baixo, que veio de Belo Horizonte. "Doutor, a gente tá passando necessidade de mulher aqui, ninguém mais aguenta não". Só restou uma pessoa do sexo feminino, uma enfermeira. Os outros, todos homens, são de opiniões diversas sobre a melhor maneira de satisfazer esse tipo de necessidade.

"Os egípcios e os iraquianos é os crentes entre a gente que ainda estão por aqui andam reclamando quando a Fé e meio forte" — admite outro trabalhador, o mecânico que veio de Betim. "O jeito é a gente se contentar com a Vera Fischer em "Doida Demais", a coisa mais forte que deixam passar por enquanto".

Outro problema que causa enorme aflição é o telefone. Todo dia a Embratel garante pelo menos três horas de ligação telefônica como o Brasil, e o nome dessa estatal é quase sagrado entre o pessoal do acampamento. Mas as chamadas são pagas no Brasil, e as famílias dos peões, quando alguma tem acesso a um telefone, não quer ou não pode arcar com essa despesa.

118 Berilo Torres — o último refém brasileiro de Saddam Hussein

SERVIÇO DIPLOMÁTICO DO BRASIL

Bagda - Nao era brincadeira. Ninguem ria ou fazia piadas enquanto o rapaz alto e forte falava. Alguns continham as lagrimas tapando o rosto com as maos. "por que o presidente collor nao faz como o presidente da austria e vem aqui nos buscar ? por que estao fazendo isso com a gente ? nos soh queremos ir para casa", perguntou o moco, a voz embargada.

Constrangidos, os engenheiros da companhia [2]Mendes Junior nao sabiam mais o que dizer aos seus homens, ontem aa tarde, no acampamento que a empresa man tem na beira de uma fantastica autoestrada, 215 quilomewtros a oeste de bagda. Os 203 brasileiros que ainda vivem nesse lugar estao nervosos, tensos e alguns simplesmente exasperados. Nao acreditam nas informacoes que recebem dos superio res e sentem-se abandonados.

"Sinceram,enmte, espero que essa situacao se resolva logo", diz o engenhei ro Berilo Torres, os cabelos totalmente bvancos apesar de ter apenas 36 anos de idade. Afavel, inteligente, sempre bem humorado e disposto ele eh o homem que tenta no acampamento da [3]Mendes Junior uma tarefa quase impossivel: injetar es éranca nos homens que ficaram. Para esses o governo iraquiano ainda nao deu os vistos de saida, argumentando que eles sao a garantia de que sua empregadora -- a mendes junior -- cumpra os contratos.

Nao falta arroz, nem carne e nem feijao, e i sto ateh pelo menos o fim do ano. Nao falta combustivel para o gerador de energia eletrica, nem agua na piscina, bolas de futebol ou tenis, remedios no ambulatorio, gasolina para os veiculos, fitas para o videocassete ou telefonemas para o Brasil. Falta ter o que fazer e, principalmente, a perspectiva de ir logo para casa. O desespero de se sentir prisioneiros comeca a tomar conta de alguns brasileiros no acampamento da mendes junior no iraque.

"Se o saddan hussein disse que os brasileiros podiam ir embora, porque estao segurando a gente aqui ? " quer saber um eletrcista, homem com quatro anos de experiencia no Iraque. "Estou ha 27 anos nessa fiorma", diz um trabalhador idoso, gago, os cabelos grisalhos e as costas curvadas. "Como foram fazer isso comigo, me deixar preso aqui assim, sem poder ver minha familia ? Nunca passei por uma raiva tao grande na minha vida".

para os engenheiros, medicos e pessoal de nivel tecnico elevado no acampamento, nao ha ilusoes ou qualquer duvida: eles sabem que a decisao iraquiana de nao deixa-los sair é politica. Eles tem negociado todo dia com seus clientes -- eh assim que ainda chamam os funcionarios dos ministerios aos quais estao subordinados, dependendo da obra que realizam -- mas consideram mais dificil ainda fazer os peoes, qua sao a maioria ainda no iraque, entender o que acontece. O pessoal mais simples soh tem uma coisa na cabeca: ir embora o mais depressa possivel para casa.

"³Nao foi a empresa que nos pos aqui ? entao agora ela que nos tire. Ou ela estah devendo dinheiro para o Iraque ? Ou ela nos segura aqui para conseguir mais aquela obra que eles queriam assinar com eles ?", pergunta outro trabalhador, a voz exaltada.

A reuniao ocorre de forma espontanea num dos clubes que a empresa mantem dentro do acampamento. Ha pelo menos tres deles num terreno que jah abrigou instalacoes dignas de uma cidade de porte medio: hospital com 22 leitos, varios restaurantes, duas escolas, alojamentos, oficinas, patios de reparos, praca, barzinhos, setor de esportes. Cerca de tres mil pessoas jah viveram ali, quase quarenta criancas nasceram no hospital melhor equipado que o de milhares de municipios brasileiros ou iraquianos.

soh que tudo hoje parece um enorme cemiterio, uma cidade fantasma de filme de faroeste. a paisagem eh triste e desolada. Terra amarelada em qualquer direcao, absolutamente plana, o calor move as coisas aa distancia e nao deixa que se identifique a linha do horizonte. As centenas de caminhoes, tratores, maquinas e outros equipamentos qu a empresa usou para construir rodovias e ferrovbias estao alinhados debaixo do calor torrido, como fileiras de soldados tombados. O vento oeste, seco e quente, matou ha muito tempo as mudinhas de arvores e as plantinhas.

"Esse acam,pámento jah foi tao cheio de vida, hoje me dah uma melancolia quando penso nele", diss o dr. Aguinaldo, um mineiro de Belo Horizonte que ainda nao aprendeu a disfarcar o orgulho quando mostra o equipa,mento de "seu" hospital, agora todo encostado no canto. "A gente jah ia mesmo entregar a obra e ir emobra, mas o duro eh ser condenado a viver todo o tempo nesse triste fim de festa", prosseguiu.

Oas trablahadores reunidos no salao do clube -- um galpao com ar condicionado onde ha uma televisao de circuito fechado e varias mesas de sinuca -- confessam que sua estado de espirito nada tem, de contemplativo. "Estou de saco cheio de ficar aqui sem fazer nada, minhas feiras no brasil iam comecar agora e estou aqui de prisioneiro, de refem", diz um deles. Outro quer corrigir a impressao que familiares lhe transmitiram por telefone do brasil. "eles pensam que a gente tah aqui comendo dormindo e nao fazendo nada, mas a gente tah mesmo desesperado, sem saber o que acontece, se sentindo sacaneado", diz.

Berilo, o engenheiro chefe, e [2]Malthus, o diretor da mendes juniro para o iraque, mantem uma extraordinaria capacidade de dialogo e uma invejavel calma. Eles procuram conversar individualmente com os trabalhadores, jah que reunioes com grupos maiores acabam com animos exaltados. decretaram uma lei seca que vem sendo obedecida a risca -- o premio para o vencedor de ontem do torneio de futebol de salao foi uma caixa de refirgerantes. "manter a cabeca fria eh essencial", diz malthus.

os trabalhadores nao soh acreditamxfiei duvidam das informacoes de que algo esta sendo feito pelo governo e firmas brasileras para tira-los de lah, como ainda tem "provas" para isso. Eles sabem -- participaram da construcao -- que a enorme e perfeita via expressa a beia da qual estao vivendo possui um trecho, cem quilometros mais adiante, com uma reta de 3740 metros pavimentada de maneira a poder receber ateh avioes com o peso de um boeing 747. "Foiu uma exigencia dos iraquianos, sempre preocupados com esse negocio de seguranca", diz malthus.

"Entao eh soh vir os avioes do brasil, pousar ali e tirar a gente. Se o presidente da austria, que eh um pais pequeno, conseguiu vir aqui de aviao e tirar o pessoal dele, porque o nosso nao pode ? Os iraquianos acham que o Brasil eh um pais amigo, eles deixariam a gente sair", comenta um trabalhador, sob os olhares e gestos de aprovacao dos vizinhos.

[2]o pessoal mais exapserado eh o que acaba de vir do sul do Iraque, onde a Mendes Junior participa de um ambicioso projeto de irrigacao e recuperacao de areas agricolas, jah pronto quase pela metade. Esses homens foram trazidos para

o acampamento da excpressway para ficarem mais proximos da fronteira no caso de retirada, e agora sentem-se duplamente frustrados: nao podem sair e nem estao trabalhadno. "Mas tem brasileiro que saiu, tem gente que saiu daqui mesmo pra casa. Por que eu nao ?" queixa-se um rapaz franzino, os olhos muito serios a ponto de chorar.

"Eles nao conseguem entender que mesmo entre os iraquianos hah muita diferenca na maneira como tratam a gente", comenta o engenheiro Berilo. De fato, dependendo do ministerio ao qual estah subordinada a Mendes Junior as coisas podem ser muito diferentes. A construcao de uma estrada, por exemplo, eh supervisionada pelo ministerio da habitacao. A do sistema de irrigacao e drenagem, pelo da agricultura. Alem disso, os trabalhadores b rasileiros que residem no Iraque caem em setores diferentes de administracao regiuonal, por sua vez influenciados de maneira diferente pelos acontecimentos polityicos.

Os burocratas iraquianos no Sul, por exemplo, a frente mais proxima de uma possivel batalha, sao mais estritos e costumam pronunciar ameacas. "Sao mesmo xiitas", comenta um funcionario da mendes junior. Os do norte do pais, onde estao os do acmpamento da expressway, mostram-se mais acessiveis a argumentos como os de que muitos estao em calusulas contratuais aditivas, portanto jah terminaram seu prazo de trabalho no pais e poderiam ser liberados sem maiores problemas -- os iraquianos insistem sempre em que soh deixam xair quem nao tem mais de cumprir contrato.

com os trablhadores que sempre estiveram na express way, alias,. eh possivel observar os poucos momentos de descontracao no acampamento. Eles aproveitam, a presenca do reporter para perguntar noticias do brasil e mandar recadosindiretos aa direcao. Queixam-se dos filmes que estao passando noci circuito interno de teve, muito repetitivos, na sua opiniao.

"Nao dah para passar um de sacanagem ?" pergunta um deles, um rapaz coruplento, baixo, que veio de ³Belo Horizonte. "Doutor, a gente tah passando necessidade de mulher aqui, ninguem mais aguenta nao". Soh restou uma pessoa do sexo feminino no acampamento, uma enfermeira. Oas outros, todos homens, sao de opinoies diversas quanto aa melhor maneira de satisfazer esse tipo de necessidade.

"Os egipcios e os iraquianos e os crentes entre a gente que ainda estao por aqui andam reclamando quando a fiata eh meio forte", admite um outro funcionario, um mecanico que veio de Betim. "²O jeito eh a gente se contentar com a ver a fischer em doida demais, a coisa mais forte que deixam passar por enquanto".

Outro problema que causa enorme afliacao eh o telefone. Todo dia a Embratel garante pelo menos tres horas de ligacao telefonica com o Brasil, e o nome dessa estatal eh quase sagrado entre o pessoal no acampamento. Mas as chamadas sao pagas no Brasil, e os peoes, quando tem algum telefone no Brasil, nao ganham o suficiente para pagar. Recentemente cada um foi presenteado com ligacoes de tres minutos cada, mas o que eles sentem mais falta eh de cartas, que nao chegam ha mais de quarenta dias.

"Tenho um filho de tres meses de idade que nao conheco, e nem foto dele chegou", diz um operador de trator de Acesita, em Minas Gerais.

O animo do pessoal piorou depois da ultima excursao que a chefia do acampamento organizou para a cidadedzinha de Ramadi, distante oitenta quilometros do acampamenot. Eh a localidade mais proxima do local de confinamento dos brasileiros, que teoricamente tem liberdade de movimentos e podem ir para onde quizerem. Os trabalhadores sao tratados com simnpatia pela populacao local, que ao mesmo tempo pergunta porque eles nao foram embora ainda, jah que sao tratados como cidadaos de um pais amigo do Iraque.

"Entao, eu quero saber,m eu quero que me digam a verdade", pergunta o mesmo rapaz rapaz alto, ainda lutando com as emocoes e as lagrimas. "quem eh que esta segurando a gente aqui ? Que jogo eh esse do qual a gente faz parte ?".

PRIMEIRO ENVIADO ESPECIAL A CHEGAR AO ACAMPAMENTO, WILLIAM WAACK RETRATOU PARTE DE NOSSOS PESADELOS: UM DOS ORIGINAIS FICOU COMIGO

AGORA É DOMAR OS SINAIS DE MOTIM

A sensação naquele ambiente era a de quem, num sentido figurado, desarmava bombas de horas em horas. Do lado de fora, nem mesmo os 12 a 15 homens armados com fuzil para vigiar o acampamento traziam certeza de segurança. Eram totalmente comandados pelo Exército do Iraque e isso só ampliava a certeza de que estávamos irremediavelmente confinados. E a presença de uma base aérea iraquiana a uns 20 km fazia aumentar nosso temor de sermos rifados no meio de um fogo cruzado.

Para piorar, as pressões internas iam crescendo. Na linha do "A Mendes me trouxe pra cá, a Mendes que arrume um jeito de me tirar daqui. Não quero nem saber. Se virem". Então, pleno verão, calor abrasivo durante o dia, a turma ficava quase todo o tempo dentro do alojamento com ar-condicionado e, no fim da tarde, saía. Ali começavam a se formar vários grupinhos. E o veneno corria. Um mais revoltado que o outro.

Para minha decepção, muitos colegas, engenheiros, se envolveram nessa atmosfera negativa. Alguns despirocaram. "Eu tenho de sair urgentemente daqui", bradava um deles. De alguns eu jamais imaginava que fossem agir daquele jeito. E, curiosamente, outros menos próximos, de quem eu pouco esperava, foram muito solidários. Fato é que as conversas entre eles sobre esse assunto eram exaltadas, quase na linha do bate-boca. Baixavam o tom em nossas reuniões ou se eram recebidos individualmente. A argumentação, porém, era parecida: "Não temos nada com isso. A Mendes tem de nos tirar daqui de qualquer jeito". O que eu poderia fazer era ponderar: "Igual a você estamos todos. E não só nós. Os europeus estão como reféns e escudos humanos em bases militares e outros locais". A situação começou a ficar difícil, mas manejamos com calma e apoio de muitos.

Da Mendes eu recebia diariamente, ora telex, ora telefonemas do diretor comercial, Carlos Pitella, sobre como proceder. O grau de controle era tamanho, que até o atendimento médico feito a pessoas de outras empresas era recomendado anotar. Imagino que para cobrar posteriormente, o que não sei se foi para frente.

Como eu recebia todo mundo em meu escritório, enfrentei até demandas estapafúrdias. O fato de ser verão e de haver o clube à disposição talvez pudesse passar a falsa imagem de resort a pessoas mais distraídas. Num determinado dia, surge uma irritada esposa do funcionário de uma empresa: "Mas não é possível! Na casa do fulano de tal, que é subordinado ao meu marido, tem televisão, e na nossa não tem". Eu, sem perder a paciência: "Senhora, isso se resolve com facilidade.

Não se preocupe. É só formalizar o pedido que solucionamos. Mas lembre-se que não estamos numa colônia de férias".

Nesse meio tempo, houve ainda os que não deixaram de aproveitar a estrutura do clube, como se fosse um resort. E falando ao telefone com parentes no Brasil, soltavam frases de quem não tinha a mínima noção do que se passava: "Está tudo bem aqui. Parece uma colônia de férias".

UFA! AS PRIMEIRAS LIBERTAÇÕES

Estávamos ali movidos a imensas doses de incerteza, mas também bafejados por pequenas frações de esperança. Assim, foi meio que uma festa a notícia de que o primeiro grupo de brasileiros seria liberado. Eram nove funcionários cujos contratos estavam vencidos ou por vencer e para os quais invoquei o sinal verde já nos primeiros encontros com o chefe da fiscalização, Mister Nouzad.

No dia 8 de agosto, sairiam via Jordânia nove da Mendes, quatro da Siderco e um passageiro sob a tutela da embaixada brasileira. Em seguida, embarcou um segundo grupo em 13 de agosto, com cinco pessoas da Mendes e cinco da Interbras (braço da Petrobras). No dia 14 de agosto, o alento, via telex: "Grupo que foi ontem passou. Todos os cinco estão em Amã". Tinha mandado meu motorista, brasileiro transportar nosso pessoal até a fronteira. Tamanha a tensão, ele capotou o carro na volta, mas sem maior gravidade.

Vendo aquele desenrolar, me alegrava pelo lado coletivo, enquanto aumentava a convicção de que seria tudo particularmente difícil para mim. Me sentia, inegavelmente, como um refém. Por meu cargo, em primeiro lugar. E pelo próprio compromisso moral de só sair quando todos estivessem a salvo. Doía, mas não era qualquer surpresa aquela condição. Nas noites em que um imenso vazio se abatia sobre mim, buscava conforto na resignação e na compreensão do meu papel ali: "Tenho de aguentar, me preparar para isso, pensar que vou ficar mesmo".

Uma reportagem da revista *Veja* sinalizava essa perspectiva. E ainda me colocava num imbróglio que poderia me deixar em maus lençóis. Citava que eu estava no Iraque fazia tempo, mas que não morria de amores pelo país. Se alguém de alta patente tivesse conhecimento daquilo, eu me tornaria, além de refém, desafeto. Oficialmente, porém, o governo iraquiano não afirmava que estávamos retidos. Funcionava assim: as cartas de solicitação de visto eram enviadas à supervisão, que as remetia à imigração, vinha uma resposta negativa. E ponto.

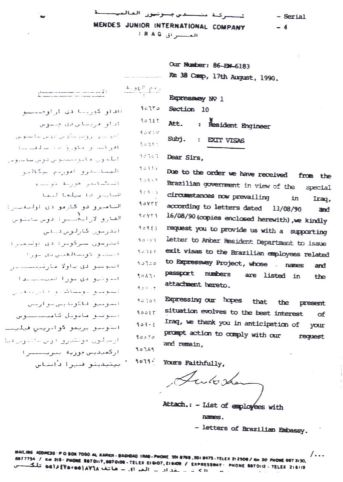

COM A ORDEM PARA PARAR A OBRA, UMA DE MINHAS PRIMEIRAS MEDIDAS FOI SOLICITAR OS VISTOS DE SAÍDA DE FUNCIONÁRIOS

De qualquer maneira, como havia dado certo a insistência para liberação ao menos dos que tinham contrato vencendo, passei a solicitar reiteradamente a retirada de todas as mulheres e das crianças. Felizmente, não demorou para que a diplomacia brasileira entrasse em ação. A chegada do embaixador Paulo Tarso Flecha de Lima, que representava o Brasil em Londres, foi determinante para ajudar a desatar esse primeiro nó. Foi uma agonia, porque os dias pareciam meses, mas houve até relativa rapidez no reflexo inicial. Na negociação, Paulo Tarso abraçou nossa bandeira, o que correspondia não só a um padrão lógico, mas humanitário, e foi incondicional: "Antes de mais nada, mulheres e crianças têm de ir embora".

Governo iraquiano autoriza a saída dos brasileiros

Rosental Calmon Alves
Enviado especial

BAGDÁ — O governo do Iraque tomou a decisão política de liberar todos os brasileiros que estavam sendo retidos aqui e já iniciou um rápido processo de emissão de vistos de saída. Após cinco dias de negociações, a informação da delegação chefiada pelo embaixador Paulo Tarso Flecha de Lima é que, se não houver nenhum problema inesperado, 258 brasileiros poderão embarcar amanhã para o Brasil, num Jumbo fretado da Iraqi Airways. Todos os acordos de suspensão de contratos das empresas brasileiras foram aprovados pelo governo do Iraque e apenas a Mendes Júnior terá de deixar uma pequena equipe de seis empregados, que poderão ser substituídos periodicamente.

Nos últimos dois dias, a delegação brasileira começou a observar sinais de que a atitude das autoridades iraquianas havia mudado. "Algumas decisões estavam sendo aceleradas por influência de uma força misteriosa", explicou Paulo Tarso, referindo-se ao súbito desembaraço dos trâmites burocráticos para concessão de vistos de saída. A mudança foi resultado das conversações políticas do embaixador não apenas com os ministros vinculados diretamente aos contratos com brasileiros, mas também com outras autoridades influentes, que ele conhecia dos tempos em que participou de negociações comerciais com o Iraque.

O contraste com a posição da Argentina, que mandou navios de guerra para o Golfo Pérsico, poderia ter ajudado a apressar a decisão favorável ao Brasil, que se tem mostrado a favor de uma solução pacífica para a crise. Paulo Tarso não fez, porém, nenhum comentário a esse respeito. Disse apenas que batia sempre na mesma tecla, tentando convencer seus interlocutores de que o Iraque nada tinha a ganhar se retendo aqui brasileiros que sequer podiam exercer suas atividades profissionais, impedidos pelas conseqüências do embargo econômico. Sem nada a oferecer em troca, ele acenava com a importância da manutenção das relações entre os dois países num bom nível. O sinal mais claro da mudança de atitude surgiu na conversa de anteontem com o chanceler Tarek Aziz, que também é vice-primeiro ministro e membro do poderoso Conselho do Comando da Revolução.

Nos primeiros cinco minutos da reunião, Tarek Aziz interrompeu os argumentos de Paulo Tarso para dizer que estava de acordo e que assegurava que os brasileiros seriam liberados. Além disso, pôs três altos funcionários da chancelaria à disposição para resolver os "problemas burocráticos" que impediam a concessão dos vistos de saída. A decisão política de não reter mais os brasileiros já havia sido tomada, e a tal "força misteriosa" entrara em ação. Num regime socialista como este, uma orientação política clara como a que surgiu esta semana pode vencer a burocracia.

Sigilo — Escolado pelos sucessivos fracassos nas tentativas anteriores do Itamarati de solucionar o problema e pelos recuos da burocracia iraquiana, Paulo Tarso procurou manter em sigilo seus progressos, a fim de evitar a criação de falsas expectativas. Ainda ontem, apesar de todos os sinais de que a solução tinha sido encontrada, o embaixador se limitava a dizer formalmente: "Todos os elementos que estão aflorando convergem na direção de que o assunto está sendo tratado num nível político muito elevado."

Àquela altura, porém, o fato é que já estavam fechados todos os acordos de suspensão de contrato com os clientes iraquianos. O último foi o da Mendes Júnior, relativo ao término da construção da Expressway, estrada de Bagdá à fronteira com a Jordânia. A carta-compromisso da empreiteira, combinando os termos da suspensão de contrato, inclusive o pagamento de uma indenização, foi apresentada ao Ministério de Habitação e Construção ontem à tarde, poucos minutos antes do prazo fatal (para permitir o embarque do pessoal amanhã). A "força misteriosa" era tão influente que os burocratas envolvidos no problema disseram que trabalhariam toda a noite no caso, de forma a que os vistos estejam prontos para o embarque amanhã.

Repartições — Além disso, hoje, sexta-feira, é o domingo dos muçulmanos. Mesmo assim, as repartições envolvidas na emissão de vistos para os brasileiros planejam trabalhar. Trata-se de um quadro completamente diferente daquele que predominou durante um mês e meio de idas e vindas dos funcionários que tentavam conseguir a libertação dos brasileiros. Apesar de todas essas evidências de que a missão Paulo Tarso está à beira do êxito, os chefes dos grupos retidos aqui optaram por não fazer ainda a comunicação da viagem ao pessoal, alegando que nem tudo está resolvido.

Paulo Tarso explicou que o frete antecipado do avião foi simplesmente "um plano de contingência", pois a Iraqi Airways informou que precisava de pelo menos quatro dias para organizar a viagem do Jumbo ao Brasil. A primeira data marcada para a partida foi hoje, com chegada a Brasília às 16h. O importante, porém, é que as autorizações de sobrevôo são renovadas automaticamente por 24 horas, caso não sejam utilizadas. Portanto, não sendo usadas hoje, elas mantêm-se válidas para amanhã, a nova data marcada pela delegação.

A Iraqi Airways já conseguiu autorizações para o seu Boeing 747 seguir com destino ao Brasil (Brasília ou Rio), sobrevoando os seguintes países: Síria, Chipre, Grécia, Itália, Malta, Tunísia, Argélia, Marrocos (escala técnica em Casablanca para reabastecimento) e Senegal. O vôo, que terá o número IA521, é classificado "de caráter humanitário", e por isso não representa uma violação do embargo econômico determinado pelo Conselho de Segurança das Nações Unidas.

A Mendes Júnior, responsável pela Expressway.

Brasileiros no Iraque

Mendes Júnior — A Expressway, estrada de Bagdá à fronteira com a Jordânia, tem 95% dos trabalhos já concluídos. A Mendes se compromete a terminar a obra, na qual mantém 85 empregados. A empresa emprega mais 125 brasileiros no Projeto Sifão, sistema de irrigação no sul do país e vai contratar uma firma local para terminar esta obra.

Volkswagen — São 18 empregados que dão assistência técnica às oficinas autorizadas a atender os 160 mil Passats brasileiros vendidos ao Iraque. A Volks se compromete a voltar ao país depois da crise.

Maxion — A empresa gaúcha tem 14 empregados no Iraque, ao qual se compromete a fornecer 600 colheitadeiras por ano. Os brasileiros dão assistência técnica às colheitadeiras.

Mísseis — São 21 engenheiros brasileiros contratados para desenvolver um projeto secreto de fabricação de um míssil, através da firma HOP, do brigadeiro Hugo Piva. Foi o caso mais difícil de resolver, porque envolve segredo militar.

dos 258 que deixam o Iraque, sem contar diplomatas e jornalistas), aceitou o vôo fretado e já fez o depósito, no valor de US$ 320 mil, no Banco Central da Jordânia, numa conta especial do Iraque. A embaixada do Brasil em Washington teve de pedir autorização especial ao Federal Reserve Board (o Banco Central dos Estados Unidos) para a transferência do dinheiro, alegando o caráter humanitário do vôo.

A grande surpresa foi a comunicação pelo vice-ministro da Indústria e das Fabricações Militares, na noite de anteontem, de que o governo também aceitava a suspensão do contrato dos 21 jovens engenheiros que completaram ontem um ano de trabalho no Iraque, desenvolvendo o projeto de produção de um míssil. O caso parecia o mais complicado, na avaliação dos diplomatas envolvidos na negociação. De repente, porém, a mesma "força misteriosa" parece ter entrado em ação também na área militar. O interesse em liberar os engenheiros passou a ser tão grande que um oficial foi designado para atuar no Departamento de Residência de Estrangeiros para apressar a emissão dos vistos.

Surpresa — Os casos da Maxion e da Volkswagen do Brasil já estavam totalmente resolvidos em seus aspectos comerciais, e a decisão política de liberar os brasileiros representou apenas uma ordem superior clara para que os vistos sejam concedidos. O caso do projeto Sifão da Mendes Júnior também já havia sido solucionado, através da sub-contratação de uma empresa iraquiana para prosseguir as obras, mas foi mesmo fechado depois de acertada a manutenção de três funcionários, incluindo o gerente de obras e um advogado.

Em todos os casos, a suspensão de contrato significa que as empresas se comprometem a mandar pessoal novamente ao Iraque tão logo atual crise seja superada e o país volte à normalidade. A notícia do êxito das negociações brasileiras espalhava-se ontem com rapidez pela comunidade diplomática estrangeira de Bagdá, causando grande surpresa. A pergunta básica era o que o Brasil tinha dado em troca. Os diplomatas brasileiros asseguram, porém, não houve barganha. Foi uma decisão política, ante argumentos políticos

Expectativa nas sedes das firmas

SÃO PAULO — A Maxion S.A. e a Volkswagen do Brasil ainda não haviam recebido nenhuma informação, até o final da tarde de ontem, a respeito da liberação de seus empregados no Iraque. Preocupado, Leo Medina, diretor de Assuntos Institucionais da Maxion, uma empresa de máquinas agrícolas cuja unidade de produção está instalada em Canoas, no Rio Grande do Sul, esperava que a notícia fosse verdadeira.

"Queremos retirar todos os empregados do Iraque neste momento. Depois, quando a situação for normalizada, temos a intenção de retomar nossas atividades naquele país", afirmou. A Maxion tem 13 empregados no Iraque, um dos quais acompanhado da esposa.

A Volkswagen do Brasil também não havia recebido informação a respeito do retorno dos 18 empregados que mantém no Iraque. De 1983 a 1988, a Volkswagen exportou um total de 160.000 Passats, um contrato que lhe valeu um faturamento de US$ 750 milhões no período. Os empregados da Volkswagen no Iraque estavam realizando o trabalho de assistência técnica e orientação para a manutenção dos carros brasileiros.

A empreiteira Mendes Júnior não quis se manifestar sobre o resultado da missão Flecha de Lima em Bagdá, e o brigadeiro Hugo Piva, da empresa que emprega 21 engenheiros no projeto de um míssil, não foi encontrado.

A IMPRENSA REGISTRAVA A CHANTAGEM DO GOVERNO DE SADDAM HUSSEIN PARA LIBERTAR OS BRASILEIROS

O próprio presidente à época, Fernando Collor de Melo, já havia solicitado a Saddam Hussein a retirada dos brasileiros, numa comunicação enviada em 10 de agosto e retransmitida a mim na obra.

(...)
"Em nome do governo brasileiro e com base no tradicional e amistoso relacionamento entre Iraque e Brasil, exorto à alta compreensão de Vossa Excelência para que seja autorizada a partida do Iraque de todos os brasileiros que desejam assim proceder"
(...)

Àquela altura, pressionado pela coalizão militar internacional e sob bloqueio econômico, Saddam radicalizava, segurando todos os estrangeiros. Com europeus e americanos era ainda mais dramático, colocados como escudos humanos em várias instalações vitais para o Iraque, como fábricas, usinas, áreas militares. Se não tínhamos um problema dessa grandeza, por outro lado, também não nos permitiam partir. E, não raro, com vários países enviando representantes para liberar seus cidadãos, funcionários nos colocavam contra a parede: "Mas se o presidente da Áustria (Kurt Waldheim) veio aqui pra levar gente do país dele, por que o Collor não veio aqui pra nos tirar?".

Collor não estava por lá. Que tratássemos de acreditar na habilidade de Paulo Tarso. E acompanhei diariamente essas interlocuções.

Desde Ramadi, eu falava pelo menos umas quatro vezes com o grupo dele em Bagdá, por telefone, me inteirando do passo a passo. E oferecendo subsídios a partir das próprias informações que fui armazenando sobre procedência e perfil dos brasileiros alojados em nosso acampamento. Era visível que o Iraque, já sofrendo os efeitos do embargo, tentava transformar nossa liberação numa espécie de pacote de vantagens, sobretudo na questão de alimentos, como carne e frango. Isso entrou em pauta nos primeiros dias, assim como leite em pó e remédio. Seríamos trocados por frangos ou leite em pó?

As conversações do embaixador, tratadas com Hussein Kamel, genro de Saddam e então ministro da Produção Militar, se arrastavam. Em horas de espera em gabinetes, pouco se via de progresso.

No início da noite, parte do corpo diplomático e os diretores da Mendes Júnior que haviam participado dessas reuniões retornavam e se sentavam comigo para alinharmos o que havia avançado e o que poderia ser estratégia para o dia seguinte. Participavam o Renê Loncan, da embaixada em Bagdá, figura muito culta, cuja família (esposa e filhos) estava em nosso acampamento, e o Malthus Soares, um de nossos executivos. No dia seguinte, eu repassava todas as novidades ao grupo do acampamento. Agregava complementos que vinham do governo brasileiro. E os semblantes de cada rosto traduziam um estado próximo do desespero.

Não era um problema só do Brasil. Embaixadores e até presidentes de outros países tentavam, igualmente em vão, cuidar da saída de seus compatriotas. E os reféns transformados em escudos humanos eram a síntese grotesca dessa insana queda de braço. Muitos se lembrarão do vídeo de uma criança americana sendo afagada pelo ditador e "convidada" a permanecer no Iraque.

E criava-se uma fantasia em torno desse drama. Nós, por exemplo, ficávamos confinados no acampamento com "autorização para transitarmos livremente" pelo país. Mas quem seria maluco de se atrever a ficar circulando por lá, com comboios militares cada vez mais presentes por todos os pontos?

Meio a conta-gotas, foram sendo liberados os brasileiros. Empregados da ABC, Composite, Maxion, Siderco. No dia 20 de agosto, foram 23 da Engesa. No dia 21, outros 10 dessa empresa de engenharia militar, que deixou alguns por lá. Mas como cuidava de questões bélicas, não houve qualquer dificuldade para essa turma.

Ficariam majoritariamente – perto de 99% – funcionários da Mendes Júnior. Também em 21 de agosto, partiriam mais 25 de nossa construtora. Sempre via Jordânia. E seguíamos monitorando todas as janelas que pudessem representar repatriamento. Fosse no front diplomático ou no burocrático, que ficava a cargo de um iraquiano, o Ramid. A verdade é que não havia certeza sobre nada, porque até mesmo para aqueles cujo fim de vínculo empregatício permitiria o embarque, as autoridades iam enumerando pendências. Veja a loucura de como funcionava: numa ocasião, houve um visto cuja liberação não chegava de jeito algum. Indo ao departamento responsável, não é que "encontramos" o documento calçando uma mesa! A pessoa acabava entrando numa segunda lista. E tome tensão!

A REVOLTA TERMINOU EM FOGO

Com os desdobramentos naquele ritmo de um passo para trás, dois para o lado, um para frente, a atmosfera no acampamento foi entrando em modo vulcânico. Para nós, os executivos, cada pequena vitória era razão para um alívio pontual, como aquela primeira viagem de retorno ao Brasil levando nove funcionários com contratos já vencidos. Era pouco? Era. Porém, representava um começo. Logo veria que um segmento de nossos trabalhadores não pensava exatamente dessa forma.

Fato é que, numa daquelas noites, resolvemos nos permitir. Decidi cozinhar um macarrão em meu cantinho. Sem rodeios, eu mesmo estava descumprindo uma norma geral, estabelecida... por mim. Ninguém poderia fazer nenhum tipo de refeição em casa. Era questão de segurança e de controle sobre provisões, o que restringia a comida ao refeitório e ao hotel. Como era o fim de um mais dia exaustivo, de tarefas duras, que mal nos permitiam raciocinar, estávamos buscando um momento de intimidade e relaxamento. Daí, tirei um macarrão do kit de alimento emergencial reservado a mim e fizemos. Eu mesmo dei uma carteirada.

Nesse jantar estávamos eu, o Sérgio Plissary, assistente técnico, o Mário Amaro e o Márcio Orfano, encarregado de frente de serviço do acampamento. Tínhamos plena consciência de que o ambiente não era dos melhores, até mesmo com risco de uma rebelião interna. Estivemos perto desse clímax várias vezes num curto espaço de tempo. A maioria das pessoas ficava praticamente o dia todo no alojamento por causa do calor extremo. Com o entardecer e a temperatura mais branda, não demorava a surgir a aglomeração na porta do escritório. Claro, com direito a confusão. Gente chorando, se descabelando: "A Mendes me trouxe pra cá. Tá com essa conversa fiada, embromação. Têm de me tirar daqui". Havia ameaças de agressão, gritos. Muitos fora de controle. E a gente tentando sempre acalmar: "Meu amigo, qualquer coisa que fizerem aqui vai ser pior pra todos nós. Ninguém sai daqui se vocês começarem a aprontar. É difícil pra vocês, mas também estou aqui. E se não tivermos controle, disciplina, não vamos sair daqui nunca".

Naquela noite, tínhamos acabado de comer e alguém bate à porta. Era um 14 de agosto, completando-se dez dias da invasão do Kuwait. As batidas não davam a pinta de ser uma visita. Pela cadência, indicavam um tom de emergência. Eram duas mulheres, esposas de engenheiros hóspedes, acho que da Engesa. Uma delas perguntou, meio esbaforida: "É normal aquela fumaça saindo ali daquele lugar?".

Eu me virei já com o coração se acelerando. Vinha do lado da administração. Fumaça preta subindo. Uma visão apavorante, assustadora. Na direção dos escritórios, vi as labaredas de fogo se avolumando. De pronto, imaginei que o incêndio vinha das instalações onde ficava a área administrativa. Lá estava minha sala. Lá estava o cofre onde todos os passaportes dos brasileiros permaneciam guardados. Eu só consegui pensar numa tragédia em dobro: "Meu Deus, agora é que ninguém mais sai deste lugar!!" Destruída nossa documentação, seria um desafio ainda maior a enfrentar. Foi aquele pânico. Saímos correndo no rumo do fogo. O caminhão-pipa chegou logo. Eu também ajudando a apagar o incêndio.

Mais próximo do local já percebi que não era no escritório e, sim, em um alojamento que servia como clube para os funcionários, com mesas de sinuca, totó, sala de televisão, bar. O material dos portacampings era de fácil combustão e as chamas tomavam tudo numa voracidade espantosa. Muitos funcionários sem ação naquele momento, a maioria de braços cruzados. Entrei com minha equipe da direção da obra para reforçar o combate às chamas. Era o exemplo que tínhamos de dar, porque estávamos no mesmo barco. E um grupo de muitos que pareciam revoltados ficou pelo canto acompanhando, enquanto eu e o Mário Amaro tomávamos a linha de frente. Foram umas duas horas para debelar o incêndio. Fizemos o possível...

Não sobrou praticamente nada no conjunto de portacamping de uns 300 metros quadrados. Os containers eram extremamente inflamáveis. A gente se intoxicou com aquela fumaça densa. E saímos dali com a sensação de que lidávamos com um grau de temperamento humano que estava beirando a insanidade. Eu não tinha a menor dúvida de que havia sido um atentado feito por parte dos brasileiros.

No dia seguinte, ainda debilitado pela intoxicação (tivemos de beber leite a noite inteira), fomos tateando para tentar investigar o que poderia ter ocorrido. Ao mesmo tempo, com um cuidado tremendo para não transparecer ao cliente, no caso, o governo iraquiano, que aquilo tinha sinais de um crime. Mas era mesmo uma manifestação radical, por parte de alguns funcionários, do descontentamento e da reprovação ao fato de estarem "detidos" ali. Eu tentava a todo custo manter o diálogo com a fiscalização, entre ameaças de intervenção por parte deles, como colocar o Exército dentro do acampamento, executar as garantias de contrato e, obviamente, suspender os pagamentos à construtora.

Nossas primeiras suspeitas recaíram sobre um camarada que nem era para estar ali mais. Talvez um mês antes da invasão do Kuwait, um funcionário acabou envolvido com o sumiço de aparelhos de ar-condicionado. Era o responsável por levar a caçamba de lixo para o deserto. Descobrimos que, ao transportar o descarte, dava um jeito de camuflar o aparelho, deixar numa área isolada e depois vender a um atravessador em Ramadi.

Se tivéssemos denunciado, ele seria preso. Os iraquianos que trabalhavam como "olheiros" sugeriram que eu o entregasse, mas segurei as pontas e tratei do caso internamente, pedindo o visto dele. Fosse aprisionado, não sairia de lá em hipótese alguma com o país em guerra, sob risco de mofar na cadeia. Em resumo, o salvamos e ele seria um dos que pagariam literalmente com fogo à nossa benevolência. Naturalmente, foi dispensado por justa causa.

E dificilmente se mantém o segredo sobre ações como essas, especialmente numa obra. Havia um encarregado de concreto que trabalhou comigo em vários lugares, o Valdecir, que me relatou o que ouvira: "Tenho escutado que foi fulano, fulano e fulano que colocaram o fogo". Não pensei duas vezes: "Vou conversar com um por um".

Mandei chamar individualmente. E assim que pisavam no escritório, eu dizia: "Vou trancar a porta e vamos falar aqui de homem pra homem. Não é de superintendente pra funcionário". E seguia, numa abordagem dura: "Você está maluco, cara? Tem ideia da gravidade do que está fazendo aqui? Correndo o risco de passar o resto da sua vida preso no Iraque por cometer um crime como esse?". A reação inicial era de inocência: "Ah, doutor, mas eu não fiz nada". Eu apresentava detalhes irrefutáveis: "Fulano, não precisa falar que não fez nada, porque sei que foi você". Daí, vinha a admissão de culpa: "Ah, mas é porque beltrano falou que seria melhor a gente agir assim, porque se a gente fizesse algum tumulto vocês iriam sentir que a gente chamava a atenção da empresa, da imprensa brasileira, mostrando que a gente está revoltado e não quer ficar".

Eu deixava que desabafassem, mas não dourava a pílula: "Vocês fazendo uma coisa como essa só pioram a situação. Primeiro, que você vai ser preso. Segundo, que ninguém mais vai sair daqui. E vão prejudicar um monte de gente inocente". Alguns baixavam a cabeça, desabavam. Outros retrucavam: "Mas vocês me colocaram aqui e têm que me tirar". Eu argumentava sobre as negociações e acrescentava: "Se você quiser, pode ir embora. Quer ir? Você não passa nem da portaria pra fora sem documentação. E insistindo, há risco de te matarem numa tentativa de fuga pela fronteira".

E QUERIAM ME SEQUESTRAR!

Se eu achava que havia sido o bastante para aplacar o ímpeto de revolta, tive razões para temer por minha própria segurança tempos depois. O Djair, que era o encarregado, me deu uma notícia pavorosa: "Eles estão planejando te sequestrar". Eu sem chão: "Me sequestrar?!?!". Ele detalhou: "Sim. Seu pessoal. Estão falando em te levar, deixar como refém num portacamping e só liberar quando obtiverem autorização pra deixar o país".

Precisava neutralizar a ideia no nascedouro. "Tem os nomes?". Ele me passou. Convoquei um por um e fiz da mesma forma que havia procedido no caso do incêndio. Levei à minha sala, tranquei a porta e disse: "Vem cá. O que você está pensando? Acha que vai chegar a algum lugar com isso?". Mesclei o tom de reprimenda com a sinalização de que eu era também uma pessoa disposta a ouvir. Foi remédio amargo, mas o bastante para fazê-los recuar.

E VIREI "REFÉM" DOS JORNALISTAS

Se as coisas já eram difíceis no cotidiano, o trato com a imprensa, que pareceria simples, criou várias armadilhas. Primeiro, entrou o William Waack, do jornal *O Estado de S. Paulo*. O Silio Boccanera, da Rede Globo, apareceu por lá uns três dias depois. Em seguida, o José Meirelles, de *O Globo*. A partir daquele momento, senti não estar só no deserto. Estávamos sob o olhar de todo o mundo. Hospedamos ali os repórteres de jornais, revistas e televisão. Eu mantinha uma relação diária com eles – e sem muitos protocolos ou formalidades.

Numa daquelas ocasiões, eu em meu escritório, chegou a informação da secretária de que os funcionários estavam exigindo que eu fosse até eles para conversar, contar como andavam as coisas sobre as possibilidades de retorno ao Brasil. E eu não tinha dessas de fazer rodeios, não. Disse: "Então, vamos lá conversar". O Waack foi junto. O diálogo era um pouco áspero, todos cobrando resultados imediatos das negociações do embaixador Paulo Tarso. Eu reportava o que recebia realmente do grupo de Bagdá. Era um jeito também de não deixar que rumores brotassem.

Brasileiros, tensos, esperam

JOSÉ MEIRELLES PASSOS
Enviado especial

ACAMPAMENTO EXPRESSWAY, Iraque — A Lei Seca foi implantada nos últimos dias aqui para evitar um motim neste acampamento no meio do deserto, a 165 quilômetros de Bagdá, onde vivem 202 trabalhadores da construtora Mendes Jr. Às últimas 50 caixas do estoque da cerveja Efes, importada da Turquia, foram trancadas a sete chaves num lugar que só duas ou três pessoas sabem. A idéia é abri-las apenas no dia em que o Governo do Iraque finalmente permitir que o grupo volte para o Brasil.

— Não quero ver ninguém alterado por aqui, no momento. A situação é explosiva. Tiramos a cerveja de circulação para evitar um desastre. Acho melhor que o pessoal encha a cara só num momento de alegria, e isso vai acontecer quando nossos vistos de saída forem aprovados — comenta Berilo Torres, o Superintendente do projeto da rodovia Expressway, que nos últimos dias se viu desempenhando involuntariamente o papel de psicólogo e assistente social.

Ele vem tentando acalmar os ânimos do pessoal, que não sabe quando poderá sair deste país que está à beira de uma guerra. Todos estão de braços cruzados porque não há o que fazer: a obra foi paralisada por falta de material. Ele é quase todo importado, e o bloqueio comercial imposto pelas Nações Unidas ao Iraque impede que haja novas remessas.

— Já tem gente aqui pirando. O medo é que alguém perca a cabeça e acabe agredindo um iraquiano. Alguns colegas já andam falando sozinhos. Outros de repente soltam gritos. Será que não há um jeito de soltarem a gente? Por que o Presidente Collor não vem aqui para nos liberar, como fez o da Áustria, Kurt Waldheim, que conseguiu levar para casa os 80 austríacos que eram reféns de Saddam Hussein? — pergunta Nélson Medina Duarte.

Raimundo Cardoso dos Santos, que está há 27 anos na empresa e há quatro aqui, define a situação de maneira bem simples:

— O pior de tudo é ficar parado, só pensando.

Os efeitos da longa espera por um visto de saída já são visíveis. Há um forte sentimento de revolta nessa pequena, encalacrada e árida aldeia. O horizonte é amplo e longínquo. Os dias são compridos. A solidão é enorme. O acampamento Expressway parece um lugarejo abandonado: não há uma viva alma nas ruas empoeiradas. Todos procuram refugiar-se do sol e do calor de quase 50 graus, internando-se em seus refrigerados alojamentos, montados em trailers. Toda vez que chega um carro, abrem-se algumas portas e surgem pessoas ansiosas, torcendo para que seja o portador da notícia que todos esperam: a autorização para voltar para casa.

E há muitas histórias: outro dia, quando o Superintendente Berilo Torres abriu a porta de seu escritório, encontrou um funcionário excessivamente exaltado. O rapaz, corado e falando aos solavancos, disse que precisa ter uma conversa muito séria com ele.

— Afinal, quem é que está nos prendendo aqui? — quis saber.

— Você está achando que é a Mendes Jr.? — perguntou Torres.

— Eu sei que não é a empresa. Por isso estou perguntando. Quero saber quem é a pessoa no governo do Iraque que está fazendo isso com a gente. É algum ministro, é o Saddam Husseim? — Torres, tentando acalmá-lo, perguntou:

— Qual é a sua idéia? Por que você quer saber o nome da pessoa?

— Não tenho mulher e nem filho para criar. Então, eu quero saber quem é essa pessoa porque eu vou sair daqui agora mesmo e vou até onde estiver e vou matá-la...

Torres pediu por seu funcionário tirasse essa idéia da cabeça: — Você não pode ficar pensando que é apenas uma pessoa aqui. O que você fizer será o Brasil que estará fazendo. Você quer arrumar uma encrenca também entre o Brasil e o Iraque? — ponderou Torres. O rapaz ficou em silêncio, deu meia volta e saiu da sala. Mais tarde fui visto falando sozinho.

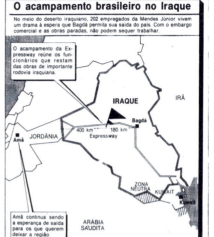

O acampamento brasileiro no Iraque

No meio do deserto iraquiano, 202 empregados da Mendes Júnior vivem um drama à espera que Bagdá permita sua saída do país. Com o embargo comercial e as obras paradas, não podem sequer trabalhar.

O acampamento da Expressway reúne os funcionários que restam das obras de importante rodovia iraquiana.

POR O GLOBO, JOSÉ MEIRELLES DESCREVEU CENAS DE NOSSO DESESPERO NA CONTAGEM REGRESSIVA PARA A GUERRA DO GOLFO

Como o plano gorou e os 173 vistos obtidos anteriormente expiravam na última sexta-feira, o jeito foi deixar para trás 82 remanescentes. Junto com eles, ficou também o embaixador Flecha de Lima, fiel à sua palavra de só regressar depois de conseguir que o último brasileiro seja liberado. Não será uma tarefa fácil: as desastradas declarações do subsecretário para a América Latina Bernard Aronson, somadas à frustração pelo cumprimento do embargo pelo Brasil, acirraram as resistências do governo iraquiano à concessão dos vistos. Bastou a notícia de que Collor chamara Saddam de "insano" chegar a Bagdá para que os jornais iraquianos estampassem em manchetes indignadas a "afronta" brasileira. O Palácio do Planalto, evidentemente [...].

Na revista Veja, mais um capítulo sobre o imbróglio em que se transformou a libertação dos brasileiros

Mas logo alguém disparava: "Vocês não estão fazendo nada pra nos tirar daqui. A empresa não está fazendo nada. Por que eu continuo aqui?". E eu colocando panos quentes, explicando a situação, sendo confrontado e fazendo as ponderações cabíveis.

Sem que eu soubesse, o William Waack, indo a Bagdá no dia seguinte, enviou um texto como reportagem para o Brasil. Voltando, me chamou: "Ô, Berilo, toma aqui, ó". Ele falou: "Já tá lá. Vai ser publicado logo". Era ele descrevendo o encontro. Repetiu as palavras que o pessoal falava. E nesse texto ele exibe o que avaliava da minha conduta. "Apesar de ter 36 anos, já tinha cabeça branca, muito tranquilo, ponderado". Ele me deu o original, do telex digitado numa folha da embaixada do Brasil. Tem um valor enorme para mim.

Na minha relação com os jornalistas, alguns iam à minha sala sem cerimônia, passavam pela secretária, eu os recebia e dava as informações de que precisavam. Mas fui percebendo que as coisas que perguntavam ao pessoal eram muito espetacularizadas. Recorriam ao drama: "Você falou com sua família? Falou que está preso aqui?". Dava a impressão de que estavam instigando. E eu, que nunca tinha tido um contato profissional com a imprensa tão direto, interpretava aquilo como sensacionalismo, principalmente depois que passei a receber as notícias que eram publicadas. A assessoria da Mendes não deu qualquer orientação sobre como me comportar. Segui sendo eu mesmo. Oficialmente, quem falava pela empresa, era a direção no Brasil. Ao Carlos Pitella, um dos diretores, cabia cuidar dessa parte.

Há um caso com o Meirelles, por exemplo, que é emblemático. Numa ocasião, no final do dia, em que eu ficava no escritório fazendo todo o controle sobre a rotina do acampamento e a comunicação com a empresa, bate à porta o repórter de *O Globo*. Bem à vontade, começamos a conversar. Ele não disse exatamente que era uma entrevista. Me lembro bem do início do bate-papo. Foi num jeito ameno. "Como é que estão as coisas. Difíceis, né?". Partiu dali para pedir algumas novidades sobre o dia e, de forma coloquial, começou a falar dele mesmo. Que, para ele, era uma situação desconfortável, embora já tivesse a experiência de cobrir eventos violentos recentes, como a invasão de forças militares dos Estados Unidos ao Panamá, em 1989, para captura do general Manuel Noriega.

Perguntou de que cidade vinha, se era de Minas. Eu contei de Bambuí. Ele, meio que para tornar a atmosfera mais informal, pediu que detalhasse as características da região. Eu fui caindo na artimanha, falei de agropecuária. E ele perguntou se eu tinha fazenda. Eu, como um patinho: "Quem dera. Se eu tivesse fazenda, eu estaria é lá, cuidando do gado. Não estaria mexendo com isso aqui, não". Sem perceber, dei a ele uma frase que acabaria explorada numa abordagem jornalística.

NAS PÁGINAS DE A MANCHETE, O DRAMA DE ESTAR A MILHARES DE QUILÔMETROS DE DISTÂNCIA DA FAMÍLIA E SOB INCERTEZA

Do teor das reportagens eu tomava conhecimento por meio de clipping feito pela Mendes Júnior. Do exagero sobre a suposta falta de comida no acampamento à citação de que eu não morria de amores pelo Iraque, ou mesmo as declarações do sujeito que botou fogo no container afirmando, em sua chegada ao Brasil, que eu já tinha perdido o controle sobre o grupo. Havia, por outro lado, relatos fidedignos, como do próprio José Meirelles, numa das publicações em *O Globo*:

> ... no escritório do Superintendente Berilo Torres a porta se abriu e entrou um funcionário excessivamente exaltado. O rapaz, corado e falando aos solavancos, disse que precisava ter uma conversa muito séria com ele.
> – Afinal, quem é que está nos prendendo aqui? – quis saber.
> – Você está achando que é a Mendes Júnior? – perguntou Torres.
> – Eu sei que não é a empresa. Quero saber quem é a pessoa no governo do Iraque que está fazendo isso com a gente. É algum ministro, é o Saddam Hussein? – Torres, tentando acalmá-lo, perguntou:
> – Qual é a sua ideia? Por que você quer saber o nome da pessoa?
> – Não tenho mulher e nem filho para criar. Então, eu quero saber quem é a pessoa porque vou sair daqui agora mesmo e vou até onde estiver e vou matá-la...
> Torres pediu que seu funcionário tirasse essa ideia da cabeça:
> – Você não pode ficar pensando que é apenas uma pessoa aqui. O que você fizer será o Brasil que está fazendo. Você quer arrumar encrenca também entre Brasil e Iraque? – ponderou Torres.
> O rapaz ficou em silêncio, deu meia volta e saiu da sala. Mais tarde, foi visto falando sozinho...

A imprensa brasileira relatava o cotidiano, enquanto se concentrava nas negociações do embaixador Flecha de Lima para a retirada dos brasileiros.

> (...)
> O embaixador negociou, em inglês, com Hussein Kamel-Hassan, genro de Saddam Hussein e então ministro da Produção Militar. Flecha de Lima usou como argumento o fato de o Iraque estar punindo cidadãos de um país amigo, ao que Kamel-Hassan respondeu que o Brasil não era um país aliado de confiança. Paulo Tarso Flecha de Lima concluiu as negociações com os então vice-presidentes do Iraque, Sabri Hamadi e Taha Yassin Ramadan...

E repetia que as conversações envolviam uma possível troca de reféns brasileiros por cotas de frango ou leite em pó:

> (...)
> Frangos por Brasileiros – ... Para facilitar a saída do Iraque, o governo brasileiro pensou mesmo em autorizar o embarque de cargas – alimentos e remédios – já contratadas com o governo iraquiano por alguns exportadores brasileiros. A possibilidade foi levantada pelo chanceler Rezek.
> Revista Veja 22/8/1990

E insinuava que o governo iraquiano não só barganhou como forçou Brasília a ceder, rompendo o embargo imposto pela ONU:

> (...)
> O outro motivo, exposto apenas nos bastidores, foi bem mais decisivo para que o jumbo aterrissasse com 82 passageiros a menos, segundo informou um alto funcionário do governo. No esforço para conseguir tirar todos os brasileiros, a missão especial enviada há três semanas a Bagdá teria concordado, com o sinal verde do governo, em despachar clandestinamente para o Iraque 140 toneladas de leite em pó.
> Revista Veja – 10/10/1990
> (...)

Mais à frente, uma de minhas irmãs, a Belkiss Torres de Miranda, que era como a central de informações da família, viraria personagem nas revistas *Veja* e *Manchete*. Era a única irmã que morava em Belo Horizonte. Vivia na rua Pium-í, no bairro Anchieta, na região Centro-Sul. Sinceramente, não sei quem a descobriu. Nos falávamos muito por telefone enquanto permaneci no exterior. Verdade é que ela não me consultou sobre ser entrevistada. Quem me alertou sobre o assunto foi o Carlos Pitella: "Toma cuidado com isso aqui". Só tive acesso à reportagem completa quando pisei na capital mineira. Ela relatou aos repórteres informações das coisas que eu contava de forma comezinha. Mas saiu dela, ou dizem que saiu, a tal frase que poderia ter sido um tremendo complicador, publicada na *Veja* de 22 de agosto.

Falando a meu respeito, ela teria dito, se é que disse: "Belkiss observa que o engenheiro, embora tenha um retrato de Saddam Hussein no escritório, não tem muito amor pelo Iraque".

Aquilo me punha exposto a uma possível retaliação. Além disso, ficava parecendo que coloquei o pôster de Saddam à parede por vontade própria, mas era exigência protocolar. Em todas as salas de qualquer escritório no Iraque, independentemente de ser de uma empresa privada ou pública, era obrigatória a colocação de uma imagem do ditador. Quando leram essa frase para mim... Ah, que raiva!

Em meio ao nosso suplício, o Pedro Bial esteve lá para uma reportagem pela Rede Globo. Ele gravou parte dela numa praça, que a gente chamava de "Vai quem quer". E me lembro que começou o texto assim: "Aqui todo quer, mas ninguém pode". Daí, mostrava o rosto de desesperança e desespero que resumia o que eu via diariamente. Gente com expressão de espanto, susto. Desamparo. Não era fácil.

Ele descreveu assim posteriormente:

> A gente foi ao acampamento dos operários da Mendes Júnior e parecia uma história literária de realismo fantástico. Era uma cidade brasileira em pleno deserto. Já tinham vivido lá dez mil pessoas. Naquela época, tinha só 300. Eles construíram uma estrada lindíssima, aliás, a estrada que vai de Bagdá para Amã. Eles queriam ir embora, estavam morrendo de medo e desesperados. Então, quando a gente chegou, foi mais do que uma equipe de reportagem, foi a tábua de salvação deles. Foi impressionante. Todos queriam falar, o desespero e o alívio de ver alguém, o microfone da Globo.

NO LIMITE, A DECISÃO ERA FUGIR

Desde o primeiro momento em que estourou o conflito, nossa preocupação era seguir todos os ritos que pudessem nos garantir um retorno seguro ao Brasil. Mas a má vontade do governo iraquiano era tamanha e o temor de pagarmos com as próprias vidas tão sufocante, que pensamos em opções radicais. Uma delas, a fuga coletiva. Com visto ou sem ele, preparamos tudo para uma possível saída clandestina. A chamada Operação Pau de Arara ganhou esse nome porque a maioria dos veículos que usaríamos era formada por caminhões que utilizávamos no transporte de pessoal para o campo.

A elaboração ganhou contornos de estratégia militar. Recorri a todo o conhecimento da época de tenente do CPOR em Belo Horizonte, sobretudo o que aprendi nas aulas sobre maneabilidade, para traçar um plano de evacuação. Criamos um comitê de análise de risco e determinamos os níveis de alerta. O verde representava situação sob controle. O amarelo, situação de risco. O vermelho, cenário de alto risco e fuga. Na linha do "cai fora, some daqui". E estabelecemos os fatores que determinariam o início da operação:

1. Orientação da empresa;
2. Orientação da embaixada do Brasil;
3. Ordem do governo iraquiano.

Todos os equipamentos destinados a fazer parte do comboio tinham provisão de alimentos. Arroz, macarrão, água mineral, açúcar, café. Os caminhões ficaram o tempo inteiro preparados. Assim como os carros destinados à operação. E a posição deles era estratégica.

A frota tinha a seguinte composição:

- Dois ônibus Mercedes Benz com 36 lugares cada um;
- Quatro caminhões toldo;
- Um caminhão borracheiro Mercedes Benz;
- Um caminhão frigorífico Mercedes Benz;
- Um caminhão de combustíveis Mercedes Benz;
- Um caminhão de água potável Mercedes Benz;
- Quatro SUV Toyota Land Cruiser;
- Uma caminhonete Chevrolet C-14.

Recorremos a um grau de detalhamento minucioso. Cada veículo tinha o seu número, colocado no para-brisa. Havia um motorista e o seu líder designado, que faria a guarda dos passaportes daqueles que seriam embarcados. Começamos a pensar nessa opção radical já no começo, especialmente a partir da segunda semana, quando o impasse foi se avolumando. A minha condição de ex-militar do Exército dava uma noção dos passos a seguir, me ajudou muitíssimo. Ao sair como oficial, tenente, comandar pelotão, aprendi a traçar esse planejamento tático. E o reproduzi na prática nessa experiência final no Iraque.

Escolhi um grupo com perfil ideal e fomos costurando ponto por ponto. Chamei o Mário Amaro, meu braço direito, que tinha uma relação muito boa com a supervisão; o prefeito do acampamento, Márcio Ofano; um encarregado de frente de serviço que tinha mais jogo de cintura, Zelão; um assistente técnico, o Sérgio Plissary. Fomos definindo as divisões de tarefas. Todos sairíamos em comboio. Não havia razão de partirmos isoladamente. Seria morte na certa. Nos carros pequenos, a diretoria, eu incluído. Comigo seguiriam na Land Cruiser o José Augusto Brandão, chefe do Administrativo, Elizabeth, mulher dele, Márcio Ofano e a mulher, Rita de Fátima de Paula Medeiros, desenhista. E nada de privilegiar ou priorizar grupos hierárquicos, porque seria nossa morte moral.

Dos ônibus, um mantinha bom estado, o outro, nem tanto. Para o transporte dos passageiros dispúnhamos ainda de quatro caminhões toldo, com cobertura de lona e bancos laterais. Caberia todo mundo, com tranquilidade. Por precaução, esses veículos ficaram com o tanque cheio e posicionados de uma forma que facilitasse a saída, em frente ao escritório de administração – e sem que fosse alterada a ordem, para não confundir ninguém. O mecânico ligava diariamente e testava.

Ao exercício de evacuação chamamos "Luz Vermelha". Separamos os passaportes de acordo com a distribuição de embarque em cada veículo. Esses documentos permaneciam comigo, trancados num cofre, e só seriam entregues no momento de embarcarmos. Era o tesouro de maior valor no acampamento. Ao líder de cada um dos veículos caberia fazer a contagem final. Além da lista prévia, o veículo deveria ter o nome dos ocupantes afixado na porta. A ideia era não levar nada de bagagem. Nem roupa. Até porque a fuga pressupunha situações de emergência, como um bombardeio a instalações militares próximas ao acampamento, por exemplo.

Se fosse colocado o plano em andamento, teria de me reunir com todos os chefes de setores e esses, posteriormente, com seus liderados. De um jeito cronometrado. Já havia feito uma lista do que precisava ser retirado do cofre: documentos, contratos, arquivos da secretaria da Superintendência, dados do setor pessoal, controle de caixa, medição final da obra. Diariamente, ao fim da tarde, fazíamos avaliação da situação, eventualmente revendo algum ponto do plano.

Era preciso, ao mesmo tempo, envolver todos os reféns. Sem hora determinada, simulávamos as possíveis situações de fuga. Numa guerra e na hipótese de ficarmos sem contato com a diretoria da empresa ou com a embaixada, essa era a melhor opção. Assim, fazíamos a chamada de cada passageiro e treinávamos um possível início da Operação Pau de Arara. Eu via no rosto deles a reação de desespero, porque o grau de realismo era palpável, como se o grupo estivesse escapando do cativeiro. Muitas vezes, vários acreditavam mesmo que se tratasse de uma fuga. Houve um certo tumulto inicial, mas fomos refinando os procedimentos.

Do ponto de vista prático, tínhamos duas rotas. Sair pela Jordânia ou pela Síria. Uma das opções que traçamos era por Rutba, a estrada da fronteira do Iraque com a Jordânia, onde havia um posto policial, levando até Amã. Era a única ligação rumo àquele país. Para esse plano de fuga fiz um mapa de próprio punho. Em planta, só para ter uma ideia. Seriam 347 km até Rutba e mais 353 a Amã. Além da Jordânia, havia a possibilidade de escaparmos via Síria. Por ali, depois da alfândega, já teríamos uma cidade em 5 km. Mas o roteiro mais indicado seria mesmo pela Jordânia. A Turquia chegamos a avaliar, mas desistimos. Mais de 700 km. Seria muito complicado rumar ao Norte.

Além disso, as informações sobre estrangeiros que tentavam fugir eram alarmantes. Houve casos de gente executada na hora. Vários foram mortos, principalmente egípcios. Fuzilados. Metralhados. Eu recomendava o tempo todo: "Não tentem fugir. Porque tentar fugir é morte na certa". Nosso caso não era diferente. Sem visto, não passava ninguém pela alfândega. Nem árabe. A ideia de recorrer a uma opção como essa só tinha um nome: desespero. E a adotaríamos se fosse preciso.

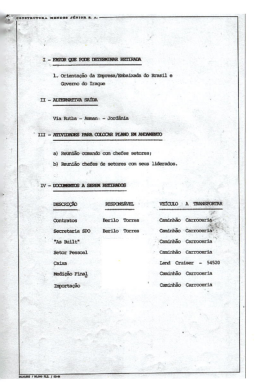

COM BASE EM MINHA EXPERIÊNCIA MILITAR, DEFINI ATÉ ROTINA DE TREINAMENTOS PARA UMA POSSÍVEL SAÍDA ÀS PRESSAS

Berilo Torres — o último refém brasileiro de Saddam Hussein

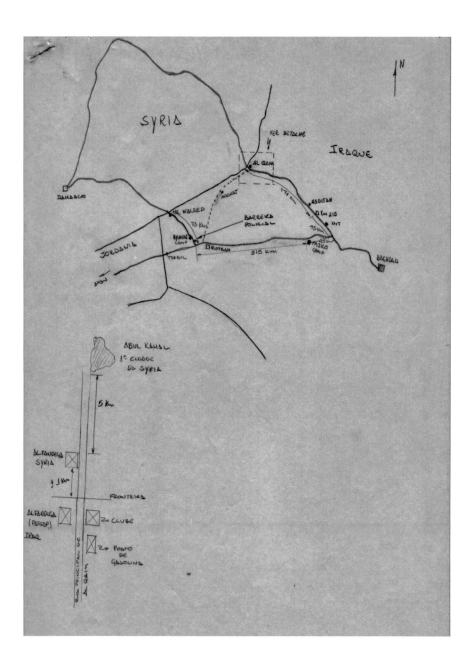

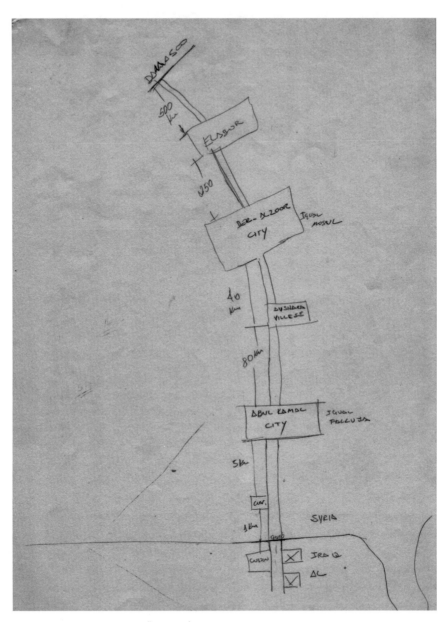

NA CONDIÇÃO DE REFÉNS DO REGIME DE SADDAM, MONTAMOS
ROTAS DE FUGA COMO PLANO EMERGENCIAL

PARA PIORAR, CACHORROS SELVAGENS

Na salvaguarda dos funcionários, suas famílias e outros hóspedes do acampamento, a coleção de preocupações tinha um arco incrivelmente amplo. Da alimentação, passando pela água, energia, vistos, o temor impalpável num cenário de guerra e, creiam, cães selvagens. Havia matilhas que circulavam pelo deserto e uma dessas foi parar exatamente na área em que estávamos fixados. Pelo menos uns dez. Ficavam rondando os limites das casas, das oficinas. Alguns peões foram cevando e, além disso, imagino que os animais foram também empurrados para lá à medida que o conflito ia tirando gente do Iraque.

Mesmo compreendendo a compaixão em circunstâncias assim, elas envolviam um extremo risco – principalmente por causa das crianças. O fato é que esses cachorros acabaram adotando nosso núcleo como morada, embora fossem do tipo que ficava literalmente vagando. Acompanhavam beduínos e partiam em busca de algum ponto isolado onde houvesse moradores. E eram realmente perigosos. Um de nossos topógrafos, que a gente no ramo de obras costuma chamar "mata-cobra", por ser o primeiro a pisar numa área inóspita, chegou a ser atacado por uma matilha numa de suas missões. Felizmente, conseguiu correr e se proteger no carro para evitar o pior.

Então, o temor de haver qualquer incidente com as crianças me deixava apavorado. Para me precaver, chamei o pessoal da segurança, formada por iraquianos, e pedi uma solução: "Será que vocês têm condições de levar esses cachorros pra outro lugar?". Eles acolheram o pedido, solícitos: "Claro, vamos fazer sim". Mas foram pragmáticos num sentido que eu jamais imaginaria. Numa tarde, ouço uma rajada de metralhadora. Todo mundo se assustou, achando que era um ataque ao acampamento. Corremos, tentando localizar a direção de onde os tiros tinham partido. Os caras haviam metralhado todos os cachorros! Não sobrou um. Sem a menor cerimônia, pegaram uma pá carregadeira, levaram até uns caminhos de areia mais afastados e enterraram. Eu reagi enfurecido, mas não havia o que fazer: "Será que precisavam chegar a esse ponto?". Teríamos até feito um cercado, se necessário, para evitar o sacrifício. Deram de ombros.

E ainda me vi com a pecha de insensível. No dia seguinte, eu levando o lixo para o descarte, o vigia do acampamento veio para o meu lado, esbravejando. Tive de parar e explicar que não partiu de mim nenhuma ordem para a matança. E que os iraquianos tinham buscado a solução mais fácil – e triste.

BOA VIAGEM, MULHERES E CRIANÇAS

Poucas vezes eu me vi diante de uma notícia que provocou sentimentos tão difusos entre um grupo. Mulheres e crianças seriam finalmente liberadas para retornar ao Brasil! Testemunhei pessoas muitos próximas e outras que eu nem sequer conhecia derivando da euforia a um estado próximo da angústia. E não era difícil compreender essa dualidade. Na verdade, haveria a separação de muitas famílias. Ficariam para trás o marido, o pai. Além do mais, tirar o grupo dali seria uma tarefa de alto risco, que exigiria muito cuidado e planejamento. A retirada de familiares de um país em guerra era uma responsabilidade que nos deixava com os nervos à flor da pele e o coração nas mãos.

De qualquer forma, era uma prioridade que tratei desde o primeiro dia com a supervisão, que representava o governo iraquiano. E, com a chegada do Paulo Tarso, essa questão não demorou a ter um desfecho. Mas era meio na linha do "antes de começar a conversar, queremos tirar as mulheres e as crianças". A partir dessa definição, era necessário determinar alguém com maior desenvoltura para acompanhar as pessoas que viajariam, porque havia convicção de que seria tenso, perigoso e exigiria tato. Sobretudo para a transferência de ônibus que ocorreria na fronteira do Iraque com Jordânia, onde estavam ocorrendo vários incidentes violentos, registros de maus-tratos. Ali se acumulavam levas e levas de estrangeiros, principalmente do mundo árabe, tentando escapar.

Naquele momento, dispúnhamos somente de uma pessoa com visto de saída que poderia assumir aquela responsabilidade: Mário Amaro. Meu companheiro de obra, engenheiro de primeira linha e cuja esposa, Andreia Matos, já estava no Brasil, recém-chegada no mês de julho. Por essas bênçãos de Deus, viajara pouco antes do conflito, com sete meses de gravidez. Era também engenheira, excelente profissional. Trabalhava conosco naquela obra como responsável pelo Planejamento e Controle.

O curioso é que o Mário Amaro, cujo contrato já havia vencido, estava na primeira lista dos que teriam direito a sair. Mas, para ajudar, ele recusou e decidiu ficar o máximo que pudesse, estendendo a permanência até a data limite. Foi ele quem liderou essa comitiva.

Para a viagem das 20 mulheres e oito crianças nós preparamos detalhe por detalhe. O ônibus que iria levar, que carro de apoio acompanharia, que procedimentos protocolares. Não poderia haver erros.

Checávamos a papelada de ponta a ponta, os passaportes. Havia um setor que cuidava da área de migração e que tratou de todo esse trâmite ao obtermos a comunicação das autoridades iraquianas. Fui avisar de porta em porta, dando as boas-novas.

Mas o que parecia bom – e de fato era muito bom – levou várias mulheres a entrar em parafuso. Com elas partindo e deixando os maridos por lá, não foram poucos os casos de relutância e até resistência. Esse problema, então, ocorreu com vários casais. Com minha ex-mulher, Maria, não foi diferente. Os olhos marejados, se virou a mim: "Não vou embora, não vou deixar você aqui sozinho". O drama coletivo durou perto de uma semana. Para meu julgamento, não havia dúvida. Disse a minha ex-esposa: "Você deve ser a primeira a dar o exemplo. Se você não der conta de cumprir, não conseguirei segurar mais ninguém aqui". Ela, naturalmente, reconsiderou – e não poderia ser de outra maneira.

Por questão de segurança, o grupo partiria à noite. Assim, no dia 24 de agosto daquele 1990, depois de checarmos e rechecarmos item por item, às 9h45 da noite, deixava o acampamento o ônibus com as mulheres e crianças. Eu mesmo distribuí o passaporte com o visto a cada uma das famílias. Havia um grau de desespero acentuado entre quem partia e quem ficava. Uma choradeira de lado a lado. A maioria das esposas, principalmente aquelas que não tinham filhos, não queria deixar seus companheiros naquela condição de que, a situação se radicalizando, talvez jamais voltassem a se ver. Mas era necessário que todas partissem, sem nenhuma exceção. Claro, perdurava o clima de insegurança. Não era segredo que o maior temor era de que o próprio Iraque invadisse nosso acampamento, provocasse mortes e tentasse culpar os americanos.

As malas, além de sacolas e tapetes – um exagero – foram colocadas na parte interna, ao fundo do corredor. Fez-se aquele estranho silêncio quando o grupo partiu, as luzes do ônibus se perdendo ao longe. Viajavam ali esperança e medo. Mas não houve surpresas pelo caminho. Até chegarem à fronteira. Ao começar a retirar as bagagens, do nada, o Mário Amaro, se deparou com um pé. Sim, um pé! Um tênis se mexendo entre o mundaréu de malas. Estava ali escondido o marido de uma das mulheres autorizada a viajar. Decidido a fugir de que jeito fosse. Armou-se o climão. O homem aos prantos, descontrolado, gritando que não iria se separar de sua esposa. Foi um desespero. Não havia a mínima hipótese de que ele pudesse deixar o país. Seria um risco tremendo se tentasse embarcar no transporte que levaria ao outro lado da fronteira. Comprometeria, no pior dos sentidos, o destino dos outros brasileiros, não somente dos que ali viajavam, mas daqueles que ficaram. Seria um rompimento das regras ditadas pelo Iraque e a quebra da confiança do nosso protocolo de saída. Aquilo poderia simplesmente inviabilizar a continuidade das viagens de retirada.

Com um sujeito sem visto, sem passaporte e transtornado, aquilo se transformou num episódio dramático em Rutba. Exatamente na reta final, onde o grupo teria de caminhar e pegar um segundo ônibus, agora rumo à Jordânia. O Mário Amaro não teve escolha. Foi inflexível com ele, que chorava convulsivamente, abraçado à mulher. Foi preciso fazer um convencimento com muito tato: "Meu amigo, se você for, nenhum de nós vai poder seguir em frente. Se você entrar no próximo ônibus e não tiver o documento, nenhum de nós vai passar". Havia ali 23 km de zona mista, confusões para todo lado, choro de crianças, rigor absoluto com a documentação e a dúvida se o ônibus enviado de Amã pela empresa estaria ali. Ufa! Estava. E o sujeito, afinal, voltou ao nosso acampamento no carro de apoio.

Chegando a Amã, havia um avião da Swiss Air fretado para seguir para a Suíça. As aeromoças e comissários tratavam os passageiros superbem, um tanto solícitas, sabendo a situação que haviam enfrentado. Mas fato é que praticamente todos no avião passaram mal, com distúrbio estomacal. Vá saber se pela comida, pela tensão – ou por ambos. Em Zurique, embarcaram num voo comercial para o Brasil, onde chegariam no dia 26.

A partir daquele momento, ainda que aliviado por aquilo que considerava uma vitória, só foi crescendo em mim a certeza de que eu iria ficar por mais e mais tempo. Até que a corda se esticasse ao limite. Eu passava por um pico de estresse absurdo. Chorei várias vezes, com a impressão de que havia uma espada sobre minha cabeça. Sob o temor de que eu jamais retornasse ao Brasil.

ESQUECERAM DE MIM

Sempre fui uma pessoa detalhista, e nessas questões sobre o controle dos brasileiros, então, me tornei obsessivo. Mas não havia como saber de tudo. E não é que, um dia após a partida do grupo de mulheres e crianças, fomos "descobrir" que uma havia ficado para trás. Que desacerto! Era uma enfermeira, lotada no projeto do Sifão. A equipe de lá também estava em nosso acampamento e acabou não nos dando ciência sobre o fato de ela ter permanecido para atender a um pequeno contingente de funcionários mantido na obra.

Assim, eu ainda pensava na comitiva que havia partido e, na manhã seguinte, chega um engenheiro me procurando. Tinha ar de preocupação: "Ficou uma mulher pra trás". Eu me recostei à cadeira, cruzei as mãos entrelaçando o pescoço, numa cena de quem não acreditava naquilo: "Mas como? Ficou escondida por alguma razão, foi esquecida?". Só aí ele explicou o que ocorrera: "Não. Está no Sifão. É a enfermeira de lá". Eu soltei um palavrão: "Caraaaaalho! Que azar!". Solicitei urgentemente que ela fosse para nosso acampamento e assim tentássemos a emissão do visto. Logo a chamei para conversar. E ela parecia conformada: "Não tem problema não, doutor, porque o grupo precisava de alguém da área de saúde". Eu compreendia, embora tivesse ciência de que pudesse representar uma dor de cabeça extra: "Mas você deveria ter nos alertado". Ela foi pelo lado prático. "Mas é que nem daria tempo de eu vir de lá pra cá", acrescentou. Talvez fosse fato, porque havíamos sido comunicados de supetão – e para resolver com absoluta urgência.

Demos a ela um quarto no hotel. E não imaginávamos que a veríamos envolvida numa situação que iria do drama à quase comédia. É uma das únicas coisas que me faz rir até hoje desse período. Por praxe, era proibido exibir em nosso circuito interno de televisão qualquer conteúdo de cunho erótico. Mas como as mulheres e crianças tinham nos deixado, a turma ficava no meu pé, pedindo que eu autorizasse. Em meio à pressão e com o acampamento só (ou quase só) com homens, acabei sendo menos ortodoxo. Citei o veto, mas relativizei: "Não autorizo não. Mas se fizerem por conta de vocês, aguentem as consequencias". E meio que dei a senha. "Como sabem, durmo às 10 da noite e não respondo pelo que ocorrer depois disso". A verdade é que, se algum árabe nos denunciasse, se alguém do governo tomasse conhecimento, seria encrenca na certa. E era crime. A turma mandou ver. E dá-lhe, videocassete. A partir das 11 horas da noite, a tela ardia em brasa. Qualquer um que ligasse a televisão naquele horário veria tudo sem cortes.

Não veio nenhum representante iraquiano para nos repreender. Mas, sim, a enfermeira. Deveria ter ali perto de uns 30 anos. Apareceu em meu escritório com um semblante que aparentava desconforto. Bom dia pra lá, bom dia pra cá, ela não se aguentou: "Tenho de comunicar ao senhor um desrespeito à minha pessoa". Eu estranhando aquela conversa, e mal tive tempo de perguntar do que se tratava: "Estão passando vídeos eróticos na TV. Isso é um absurdo". Claro, eu não imaginava que poderia terminar assim. Me desculpei. Falei sobre o perfil do brasileiro, mencionei o estado de confinamento, pedi que entendesse. Ela aceitou as desculpas.

Para que a ocorrência não se transformasse num problemão, me antecipei. Logo chamei uma das figuras que, eu tinha certeza, era um agente de Saddam por lá, do partido Baath. O Ramid, designado para cuidar do trâmite de passaportes, seguramente fazia mais do que isso. A ideia era matar uma potencial crise no nascedouro. Até porque esse tipo de caso corria com rapidez frenética. Bom de serviço, o Ramid era fechadão, muito sério. Eu tinha o maior cuidado com ele. Fiz um certo rodeio ao chamá-lo, até finalmente perguntar. "Ramid, vem cá. Você ficou sabendo de um episódio que enfrentamos aí no nosso circuito interno de TV?". Claro, não mencionei o conteúdo erótico. Ele, com certo constrangimento: "Engenheiro, eu fiquei". Minha saída foi criar um factoide. "Vamos fazer um negócio de impacto? Vamos colocar fogo nessas fitas todas?". Ele mais que depressa: "Uma ótima ideia". Lancei ali a isca definitiva, que nos livrou de encrencas: "Pois é, e a gente encerra essa história aqui, sem necessidade de reportar…". Daí, botamos num barril e tacamos fogo. A enfermeira assistindo à cena. Ela ficaria mais uns dez dias por lá e, definitivamente, entraria para o nosso folclore.

AH, SE ACHAM OS ESTRANGEIROS CONOSCO…

O cenário de guerra metia medo em nós, brasileiros, e haveria de deixar ainda mais transtornados cidadãos europeus no Iraque. Assim, numa operação secreta, acolhemos alguns deles em nosso acampamento do km 32. Alguns de nossos subempreiteiros eram estrangeiros. Como os da Philips holandesa, que fazia o sistema de comunicação, instalando um telefone a cada quilômetro da Express Way. Recebemos dois deles, tratando de manter absoluto sigilo. Havia risco objetivo de retaliações, cujo desdobramento poderia nos ser grave. E, fatalmente, Saddam Hussein mandaria arrancá-los de lá para que, como outros, se transformassem em escudos humanos nas fábricas e unidades militares que o ditador planejava proteger de ataques da coalizão internacional.

Parte desses holandeses ia a nosso acampamento com frequência. De vez em quando, até se hospedavam por lá. Então, assim que começou o conflito, baixaram em meu escritório e fizeram o pedido para que se refugiassem ali. Eu sabia das implicações: "Não posso acolhê-los oficialmente, porque seria um tremendo problema". Ante o temor, eles relevavam qualquer protocolo: "Não, não precisamos formalizar nada. Nem dizer nada a ninguém. E não se preocupe. Estamos preparando já nossos veículos para sair daqui. A necessidade é mesmo de proteção nesse momento, pelo fato de sermos europeus". Naturalmente, conversei com o Malthus Soares, que era nosso diretor. Ele deu sinal verde. Eu os tranquilizei: "Vou reservar uns quartos num canto mais isolado do hotel. E combinamos de não dizer nada a ninguém". E assim foi feito. Tanto é, que nenhum jornalista jamais percebeu a presença de estrangeiros entre nós.

Obviamente, quem tratava da situação deles era a embaixada da Holanda, a partir de Bagdá. Nesse ponto, não nos metíamos. E, por razões óbvias, nem eram colocados em qualquer lista nossa. Nas minhas pessoais, sim. Ficariam por lá até conseguirem o visto, que demorou bastante a ser expedido. Me lembro que, num daqueles dias, eles me procuraram: "Será que tem problema a gente dar uma circulada por aí?". Eu sem entender: "Mas pretendem ir pra onde?". Eles planejavam fazer uma espécie de reconhecimento de terreno: "Só vamos dar umas voltas aqui pelo deserto, pra ver um plano de saída emergencial, avaliar se o carro aguenta". Por precaução, sempre carregavam dois galões de gasolina no veículo.

Até fui com eles nessa circulação. Eu morria de rir com esse "treinamento" no deserto. Adotaram uma rota que era muito, mas muito perigosa, pela Síria. Não tenho ideia se saíram por lá. Sei que partiram como chegaram, sem alarde. Uns 40 dias após o início do conflito, foram agradecer: "Finalmente, conseguimos os vistos. Vamos partir". O alívio se justificava. O Iraque estava excessivamente rígido com os estrangeiros, principalmente os europeus.

Acolhemos ainda três italianos, incluindo um casal, Alberto Ravaglia, Luigi Menechini e Eneida Menechini. Esses foram levados pela embaixada brasileira. Acertaram os detalhes diretamente com a Mendes e ficaram como hóspedes. Havia alemães, que eram da Astho, empresa responsável pela sinalização da rodovia. Um deles de uma simpatia ímpar. De pele muito branca. Um já velhinho, o Van Putering. O coração até disparava só de pensar na hipótese de haver uma blitz, uma denúncia. Se descobrissem a presença dos europeus, seriam considerados fugitivos.

Nós tínhamos um combinado que era o seguinte: se ocorresse algum problema, diríamos que eles tinham chegado no dia anterior, que não havia dado tempo de informar as autoridades. Havendo incidentes, sei que iria recair um peso sobre mim também, até com uma possível prisão. Mas era aquela história: num momento assim, a gente tinha de acolher.

Também tivemos, encaminhada pela embaixada, uma família de libaneses. Dany Assad Samara, Elias Issa Samara e Samira Issa Samara. Óbvio que tive medo de que as autoridades reagissem duramente, mas me cerquei de todos os cuidados. De certa forma, blindei esses hóspedes. E eles colaboraram, ao ficarem meio às escondidas. Aliás, poucas pessoas sabiam da presença deles ali. Algumas de campo com as quais já tinham trabalhado, e nós, da coordenação. Geralmente, eles almoçavam no final dos grupos, junto com os gerentes. Eu, superintendente, e os engenheiros.

Fiz por eles o que gostaria que tivessem feito por mim. Mas nunca mais tive contato ou falei com uma dessas pessoas. No fundo, gostaria, teria o maior prazer em revê-los, assim como os poloneses, responsáveis por um dos trechos da Express Way, de quem me tornei muito amigo. Ou mesmo dos fiscais com os quais fiz sincera amizade. Mas a própria situação e as dificuldades daquele tempo tornaram tudo mais complicado.

CONDENADO A FICAR ATÉ O FIM

Naquela noite de começo de setembro, estranhamente, a turma que cuidava em Bagdá das negociações para nossa libertação não havia retornado ao acampamento. Assim, já sabia que não faria a reunião de praxe com os diretores Malthus Soares e Jefferson Eustáquio, da área internacional, o Renê Loncan, o segundo da embaixada, e o Gleiber Faria, que era o gerente administrativo da Mendes Júnior, um tanto amigo meu.

Havia sido uma daquelas jornadas de extremo cansaço e eu já estava para deitar, quando toca o telefone em minha casa. Chamadas àquela hora – já eram mais de 11 da noite – não soavam como um bom sinal. E não era mesmo.

Do outro lado da linha estava o Malthus. Pelo tom de voz e a cadência, notei que não seria um diálogo qualquer. "Berilo, não tenho uma notícia muito boa pra você, não". Ele ficou mudo por um instante, eu suspirei na outra ponta... "Você vai ter de ficar aqui até o fim. Você, eu, o Gleiber Faria, o Márcio Ofano e o Márcio Vasconcelos". Para que o restante da turma saísse, nós teríamos de permanecer como suposta "garantia de contrato", o que era um nome pomposo para, de fato, reféns. O Malthus como diretor, e eu, como superintendente da obra e segundo da empresa. O Vasconcelos, advogado, que vivia lá com os três filhos, foi incluído por responder pela parte jurídica. O Gleiber, da gerência. Já o Ofano era o prefeito do acampamento. Tinha controle sobre tudo, especialmente com relação à água e energia. Ele, digamos, foi um extra, ao ser obrigado a ficar.

Doeu, doeu muito receber aquele telefonema. Não foi nada fácil. Quando o Malthus me comunicou, eu dei uma pausa, como se não estivesse acreditando, embora já previsse algo assim. Respirei fundo e, inicialmente, fui monossilábico: "Caramba!". Eu simplesmente não dormi. Eu imaginava um desfecho dessa ordem, mas quando chega a confirmação, era como um soco no estômago. Daí, tentava pensar no que havia dado certo, para que não perdesse a esperança: "Estão negociando por lá, já tiraram as crianças e mulheres, já tinham tirado outros brasileiros, quem sabe...".

Por outro lado, uma angústia se apossava de mim. Chorei copiosamente. Qual era o maior receio? O de nunca mais ver minha família. De que jamais fosse sair de lá. De que pudesse ser morto num ataque, talvez numa ação do próprio Iraque. Sempre me preocupei com o risco de eles atacarem.

Perdi o chão. Naquele momento, pensei, primeiro, em meus familiares. No tanto de sofrimento que isso poderia trazer para eles. Racionalmente, porém, o critério era lógico – as "garantias de contrato". Nesse caso, implicava o diretor da Mendes Júnior no país, o advogado que lidava diretamente com o governo iraquiano, o superintendente administrativo e financeiro, o responsável administrativo da Express Way e eu, o superintendente da obra.

Ainda que compreendendo, como desplugar? Nem mesmo me deitei. Fiquei grudado ao sofá, paralisado, tentando assimilar a situação e ruminar sobre o que mais poderia vir. Busquei no mais fundo da alma o que me restava de força. E me concentrei em tudo aquilo que a vida até então havia me transmitido. Primeiro, os ensinamentos de

Deus. Segundo, os ensinamentos dos meus pais. Tudo se resumia em poucas palavras, mas o bastante para nelas me acolher: fé, esperança, compreensão e humildade.

Nesse dia em que acertaram que ficaríamos para trás, o William Waack tinha voltado para o acampamento e acabou se encontrando comigo. Já era começo de madrugada. Eu sem rumo. "Olha, Berilo, vamos publicar isso amanhã". Foi até um gesto de respeito, de uma ética impressionante, talvez preocupado de eu não ter comunicado aos meus familiares no Brasil. Ainda atordoado, agradeci: "Sem problemas, porque pouco depois de saber, a primeira coisa que fiz foi ligar para a minha família. O mundo inteiro já deve estar sabendo". O próprio Malthus, ao me dar a informação, tinha alertado: "Estou te ligando agora porque a notícia já saiu para a imprensa".

Na manhã seguinte, eu tentava digerir aqueles acontecimentos. Tudo aquilo seguia me tocando profundamente. Talvez mais que aos outros companheiros que teriam de lá ficar. À exceção do prefeito de nosso acampamento, o Márcio Ofano. Esse, sim, estava transtornado. Ficava se perguntando por que ele havia sido um dos escolhidos. Ao ter de consolá-lo, indiretamente reuni forças para suportar melhor minha própria dor. Deveríamos, a partir dali, nos concentrar na negociação para retirar aqueles que não tinham mais impedimento para deixar o país. No outro dia, os iraquianos apareceram no acampamento para recolher nossos passaportes. Foi um misto de espanto, tensão e incerteza, enquanto entregávamos a documentação: "Tranquilos, vamos levar para tirar o visto". Porém, aquela novela duraria bem mais do que poderíamos prever e desejar.

A SAIA-JUSTA DO EMBAIXADOR

O alívio pela negociação que resultou na saída de mulheres e crianças parece ter dado confiança extra ao embaixador Paulo Tarso Flecha de Lima. Mais do que isso, o deixou leve e falante. Ocorre que, numa desenvoltura típica de quem tem domínio da oratória, o diplomata acabou cometendo um erro tático numa das tantas visitas ao acampamento. Ele próprio, talvez também num papel político, gostava de transmitir aos funcionários os avanços das conversações. Cuidou disso umas duas, três vezes.

Eis que, numa dessas, acabou arrumando uma saia-justa. Para ele e para nós, da Superintendência. A gente se reunia para esses informes num galpão, que era da parte mecânica. Ao demonstrar desbragado otimismo, acho que o embaixador errou – na dose ou na forma ao projetar a retirada segura de todos os brasileiros. "Olha, a confiança é tão grande de que vamos conseguir, que eu estou trazendo a minha patroa pra cá. Ela (Vera Lúcia Flecha de Lima) conhece muitas pessoas da política daqui". O intuito dele era encher o grupo de esperança. Mas aquilo caiu mal para a maioria. O raciocínio, grosso modo, era: se ele está trazendo a mulher, é porque as coisas vão piorar, o negócio vai demorar. Não vai trazê-la para ficar uma semana, cinco dias.

E lá fui eu tentar consertar o estrago. Argumentando que não era como pensavam. Mas pela habilidade, conhecimento que ela, também diplomata, tinha. Foi uma complicação. E, para piorar, víamos a guerra cada vez mais próxima de nós. A tensão se avolumava. A gente se perguntando: "Quando vão atacar?". Sobre nossas cabeças, os aviões do Iraque, ao chegar ou deixar uma base aérea vizinha, faziam rasantes quase diários, quebrando a barreira do som. Acho que algo proposital, para aterrorizar. As janelas tremiam. E os movimentos de tropa, bem à linha de nossos olhos, à beira da estrada, só aumentavam. Os caminhões com os mísseis Scud, as metralhadoras antiaéreas. Que pavor!

Nesse período, fui a Bagdá uma só vez, acompanhando o pessoal da construtora e da embaixada. Ali já estavam vendendo muita coisa que havia sido saqueada do Kuwait. Relógio, tapete. Viajei e voltei no mesmo dia. Cruzávamos com comboios e comboios militares, em cenas de arrepiar.

A CHANTAGEM INFERNIZOU NOSSA LIBERTAÇÃO

Uma equipe à beira do colapso, trabalhadores com os nervos à flor da pele e um ponto de interrogação gigantesco sobre nosso futuro quase me derrubaram. Confesso que cheguei próximo ao desespero. A imprensa brasileira virava câmara de eco para esse verdadeiro campo minado em que estávamos confinados, e a comunicação entre nossos funcionários e o Brasil só alimentava a gravidade da situação.

A mente girava, o coração tremia. Porque aquilo ia além da responsabilidade de manter de cabeça erguida um time cujo moral se abatera com a sucessão de pancada após pancada. Para além disso, persistia o temor de um ataque ao acampamento para o saque de alimentos ou pela razão que fosse.

Assim, receber no fim de tarde o Malthus Soares, o Gleiber Faria, o Márcio Vasconcelos e o René Loncan retornando de Bagdá envolvia um nível de expectativa acima da média. Íamos da euforia à decepção pelos alarmes falsos sobre os vistos. "Deve sair amanhã". E nada! Da primeira vez, não tive problemas. Da segunda, já comecei a enfrentar confusões. Até figuras de alto nível da empresa, de cargo executivo, se rebelava: "A gente precisa dar um jeito de fugir. A Mendes não está fazendo as coisas direito por nós".

Numa daquelas tardes de acampamento, em que a turma costumava se juntar em frente ao meu escritório, todos estavam loucos por novidades positivas. Eu geralmente saía, conversava com o grupo. E as cobranças se repetiam: "A Mendes me pôs aqui e a Mendes tem de me tirar". Eu já não encontrava mais base para as explicações.

Se tudo já era tão difícil em nosso acampamento, juntando incerteza com desespero e revolta, a postura do governo de Saddam Hussein tratava de piorar o ambiente. Porque, era evidente, retardava a saída dos brasileiros para tentar forçar a ruptura do bloqueio econômico imposto pela ONU. Em bom português, fazia chantagem. Todos os sinais são de que nossos reféns foram trocados por alimentos e remédios. E como não havia um trâmite convencional para a concessão dos vistos, ficávamos nós, os executivos, na linha de tiro de um grupo de funcionários cada vez mais irado.

E até o que seria motivo de comemoração era capaz de envenenar o ambiente. No dia 2 de outubro, me chega a informação dos diplomatas negociadores de que, finalmente, uma turma expressiva, porém, restrita, poderia partir. Mas uma só turma? Fato é que as autoridades haviam expedido a liberação somente para os funcionários da obra do Sifão. Festa por eles, claro, mas e quanto ao restante? Não compreendíamos nem explicavam. O restante teria de aguardar mais. Assim, pudemos embarcar em Bagdá os 116 lotados naquele projeto. Eles chegariam a Brasília depois de 18 horas de voo, na madrugada de 5 de outubro. Com direito a todas as formalidades e pompas, recepcionados pelo então ministro das Relações Exteriores do Brasil Francisco Rezek. Na aeronave seguiram 173 pessoas, o que incluía gente da embaixada e de outras empresas. Foi nesse voo o brigadeiro Hugo Piva, responsável pela missão técnica de desenvolvimento de armas para o Iraque, incluindo blindados e mísseis.

Emoção marca chegada dos brasileiros

Ainda estava escuro e frio quando o Boeing 747 da Iraqi Airways tocou o solo em Brasília

Tradutor traz mulher, bebê e já fala em voltar

Lembrança dos que ficaram reduz a alegria do retorno

Mineira não esquece trabalho do conterrâneo Flecha de Lima

Maxion: sucesso ao renegociar contrato

EM O GLOBO, A CHEGADA DE PARTE DOS BRASILEIROS CERCADA DE EMOÇÃO EM 5 DE OUTUBRO DE 1990

Enquanto eu enfrentava pressões por conta da saída parcial dos funcionários, um contato telefônico com a matriz da empresa, em Belo Horizonte, ajudaria a referendar minhas suspeitas. Eu havia ligado, na verdade, para saber da chegada dos colegas ao Brasil, e dali veio a confirmação: dividir os grupos e retardar o retorno era mais uma manobra do governo de Saddam Hussein. Vidas trocadas por concessões. O governo do Iraque havia exigido um resgate pela liberação dos brasileiros: cerca de 330 mil toneladas de alimentos. Colocavam o Brasil contra a parede, compelido a furar o embargo estabelecido após a invasão do Kuwait.

Isso fica implícito numa carta enviada ao Itamaraty, com data de 27 de setembro. Era uma cobrança do Ministério das Relações Exteriores do Iraque, advertindo que preocupava ao governo de Saddam o fato de as autoridades brasileiras não permitirem que quatro fornecedores cumprissem contratos de remessas de alimentos fechados em março e junho de 1990. O documento havia sido entregue em mãos ao embaixador Paulo Tarso Flecha de Lima em Bagdá. Em outras palavras, sinalizava que os reféns só sairiam mesmo se fosse encontrada uma maneira de reparar o Iraque por aquele prejuízo. A carta trazia uma relação dos bens, quantidades de cada produto, a data de fechamento do contrato, o nome das empresas e a previsão original de entrega desses itens, entre setembro e outubro.

Isso ajudava a explicar a razão de o embaixador Paulo Tarso não ter embarcado, assim como a permanência do grupo de negociação em Bagdá. Não por acaso, a decolagem do Jumbo 747 da Iraqi Airways naquela tarde do dia 4 de outubro com os funcionários do Sifão foi retardada a um limite que sugeria uma queda de braço. Esse atraso me foi reportado pelos motoristas que haviam levado o pessoal à capital iraquiana.

Em mim permanece a convicção de que isso envolveu um preço, uma recompensa. De que essas negociações do governo brasileiro com Saddam tiveram um desfecho, naturalmente, sem ser documentado. O que a gente via, sentia e escutava é que, quando os aviões da Iraqi Airways foram levar os brasileiros – como o do comandante que colocou a bandeira do Iraque na janelinha da aeronave ao se aproximar do hangar e ainda exibiu uma foto de Saddam –, voltaram com suprimentos. Talvez mais remédios do que alimentos, como se fosse o pagamento de um resgate. Mas isso nunca foi oficial.

Houve o caso de uma figura de alta patente da Mendes, cujo nome vou preservar, que fazia questão de dizer nos encontros com os funcionários que ficaria por lá até que saísse o último brasileiro. Ficou só na palavra. Ele tinha viajado pela primeira vez ao Iraque naquela época e deu a falta de sorte de chegar em meio ao conflito. Acabaria embarcando num dos primeiros voos. "Não vou abandonar o barco. O último veículo que sair, o pessoal olhará para trás e eu estarei lá". Ah, como os discursos são traiçoeiros...

ALELUIA! LÁ SE VAI O ÚLTIMO GRUPO

Ali a gente já não contava mais os dias, mas as horas. Todos nós em frangalhos. E foi um alívio sem tamanho a notícia de que, ufa!, partiria o último grupo de brasileiros. O mais surpreendente é que, de tão cansados, houve mais suspiros do que propriamente comemoração no momento em que chegou a confirmação. Claro, não faltaram choro, gritos de celebração. Estávamos com a alma mais leve, mas permanecia uma certa tensão no ar.

A própria decisão do Iraque de estipular a partida em dois embarques nessa reta final só pôs mais pimenta no que já era demais apimentado. Nossa sorte é que os vistos restantes saíram num intervalo rápido, poucos dias à frente. Burocraticamente, tudo estava encaminhado. Passaportes enviados. Os funcionários preparando as bagagens. Dos que alongariam um pouquinho mais o confinamento, houve quem desse trabalho. Como um assistente técnico que simplesmente já não se segurava. Falava descontroladamente em fugir. Eu conhecia a mulher e os filhos dele e ponderava: "Você tem de pensar na sua família". Por outro lado, a turma que iria partir havia praticamente se desconectado do vínculo com o Iraque. Não ajudava mais em nada no acampamento. Conversava pouco, se isolava.

A saída do ônibus que levaria os brasileiros restantes a Bagdá foi marcada para a noite do dia 7 de outubro. Ficaríamos apenas os cinco executivos e um pequeno grupo de apoio. A expectativa de decolagem, porém, ia se cozinhando até mesmo em torno da definição do avião. Inicialmente, o Brasil iria mandar um Jumbo. Mas o Iraque exigia que fossem seus aviões – como de fato foram da Iraqi Airways.

Resolvido o impasse, a segunda turma que partiu foi bem mais animada. Levou cerveja e violão no ônibus. Foi um alívio para eles, e a sensação de retirar um tremendo peso de nossas costas. Eu, embora também feliz, carregava ainda uma ponta de desespero, porque agora seríamos poucos e silenciosos reféns em poder de Saddam Hussein. A comoção da chegada dos brasileiros, recebidos por uma multidão, suas famílias e amigos no aeroporto, nos veio como uma brisa de esperança alguns dias depois.

RESTAMOS NÓS. E NOSSOS FANTASMAS

Agora, era só o silêncio. Me confortava a sensação de paz pelo êxito da ida de todos, mas ver aquele acampamento vazio, no fundo, nos enchia também de medo. Temor de que esse drama perdurasse até um final radical. Era enorme o receio de que, a partir daquele momento, com a retirada dos últimos brasileiros pelos quais o governo e toda a mídia haviam lutado pela liberação, fôssemos deserdados. Primeiro, não seríamos mais notícia. Depois, cairíamos no esquecimento.

A verdade é que restávamos nós ali, sem saber quando – e se – poderíamos deixar o Iraque. Uma angústia medonha. Com os passaportes recolhidos pelas autoridades iraquianas, éramos cinco como parte da garantia de contrato da Mendes Júnior com o governo iraquiano. Eu, o diretor Malthus Antônio Soares, o Márcio Vasconcelos, diretor jurídico, o Marcio Ofano, prefeito do acampamento, além do Gleiber Faria, gerente administrativo. Conosco ficaram mais seis pessoas para dar condições de apoio. Elas tinham o visto, poderiam sair, mas permaneceram como voluntários: um cozinheiro, dois mecânicos, um para parte mais elétrica, e um chefe de serviços gerais, um eletricista, um encarregado de mecânica. Um desses cozinheiros, eu me recordo, a mãe tinha falecido fazia poucos dias.

Isso me remetia ainda ao mês de setembro, quando sonhávamos com uma saída geral, mas Bagdá endureceu as negociações, foi liberando grupos a conta-gotas e, por fim, exigiu a retenção dos executivos. Estarmos os 11 ali, em meio às casas e à estrutura que ganhava contornos fantasmas, era uma sensação terrível. Deixei uma rotina avassaladora e entrei numa espiral de silêncio. Essa amargura me bateu já no instante em que partia o último ônibus de funcionários. Feliz por eles, apreensivo por mim e pelos que ficavam. Não parava de raciocinar sob a seguinte lógica: "Se todo mundo foi embora, não temos mais o que negociar. E vamos ficar ao léu aqui. Vão baixar a guarda. Quem vai se preocupar conosco aqui? Todo mundo já relaxado". O próprio Paulo

Tarso, numa entrevista no Brasil, chegou a afirmar: "Ficaram 11, mas por conta deles". O que era uma mentira. Havia de fato seis voluntários, mas cinco retidos – eu entre eles.

Aí, sim, baixou aquela sensação de abandono. De que a gente iria ficar esquecido por lá. Ao mesmo tempo, uma das preocupações, agora em meio àquele vazio, era tratar de ocupar a cabeça. Criei uma espécie de terapia de trabalho, já que ficaríamos sem nada a fazer nas 24 horas do dia. E o Malthus brincava: "Sou seu hóspede. O chefe aqui é você". Estabeleci tarefas para todos nós.

O Malthus, por exemplo, cuidaria da parte de identificação dos equipamentos. Catalogar, listar. Para os colegas de gerência e eu, nossa missão inicial foi o recolhimento de todos os veículos que estavam sendo usados até a partida dos companheiros e estacioná-los no pátio. Carros, caminhões, ônibus e algumas máquinas pesadas. Drenamos óleo, colocamos diesel, para evitar que o motor estragasse. Catalogamos cada um deles, o que incluía um descritivo sobre suas condições.

Obviamente, aqueles que ali ficaram como apoio seriam os responsáveis pela comida e garantia do funcionamento dos geradores e veículos. Por segurança e facilidade de comunicação, ficamos em um só alojamento, o hotel.

ENTREGUEI A DEUS. E ELE ME OUVIU

Cuidar do recolhimento e destinação do lixo coube também a mim. Eu o dispensava no meio do deserto, usando uma pá carregadeira. Por volta das 18 horas, com o sol já perto de se pôr, eu ligava a CAT 966, colocava na sua caçamba tudo o que era para ser descartado e pilotava até uma área afastada, fora do acampamento, para aterrá-lo. Era um momento quase que sagrado. Sempre fui deslumbrado com o pôr do sol naquela vastidão de areia. Além daquele fascínio que a natureza proporcionava, era também um momento meu, em que eu podia me reconectar com os assuntos da alma, orar e refletir.

Numa dessas minhas idas, sozinho naquele silêncio, naquela imensidão, desliguei a carregadeira. Eu sempre achei o deserto algo maravilhoso. E, como se eu não pudesse controlar, me invadiu aquele sentimento de entrega, a ponto de jogar a toalha: "Não quero mais essa vida". Não, não era nada a ver com autoextermínio. Longe de mim algo assim. Era um homem entregando os pontos. Numa outra roupagem, talvez uma súplica por socorro. O vento cortando, eu pensava. "Não vou mais sair daqui". E, num imenso aperto no coração, tentava me amparar em minha família.

Era absurdamente doído aquela condição de morto-vivo. Porque não havia outra maneira de resumir o que se dava comigo. Embora junto àquela paisagem esplendorosa, valor não haveria para alguém aprisionado – porque, na prática, era que ocorria. Eu mirava um horizonte, mas era obrigado a me comportar como se estivesse metido num círculo de giz.

Era uma sensação única. E decididamente desconfortável. Um empuxo me arrastando para a porta da desistência. Naquele silêncio que ecoava no deserto, o pensamento corria à velocidade da luz. O sol minguando, somente o vermelho dele se refletindo num arco magnífico. Era como uma provação. E, em minha pequenez, foi impossível não me recordar da passagem de quando Cristo se isola no deserto. O vento agora soprava mais forte e, como num lampejo em que as pequenas graças nos tocam, vi toda a minha vida passando como um filme. Foi um rasgo de realidade me balançando: "Não, não posso, não vou me entregar".

O sol já tinha ido embora e a hora era de voltar para não ser pego pela escuridão do caminho. Retornei refletindo sobre como a gente tem a liberdade quase o tempo todo e só se dá conta de sua singularidade quando a perde. Na volta, comentei com o Márcio Vasconcelos sobre aquela curta e impactante experiência. No fundo, eu me sentia aliviado: "Entreguei pra Deus. O que acontecer comigo, aconteceu".

O SENTIMENTO ERA DE TOTAL ESCURIDÃO

O silêncio inicial foi mesmo torturante nos primeiros dias. E a preocupação martelava em minha cabeça sem um instante de trégua: "Vão se esquecer de nós. Vão se esquecer de nós.". Ninguém se comunicava conosco! Foram pelo menos uns quatro dias sem que a Mendes fizesse um só contato. Em nosso drama, quatro dias pareciam bem mais do que quatro dias. E aquilo nos empurrava para uma total sensação de abandono. Pensei: "É, já começaram a se esquecer da gente". A Embratel não entrava em nosso circuito telefônico. Era visível que, após a saída majoritária do grupo de funcionários, o governo brasileiro praticamente se retirava das negociações para nossa partida. Quem ficou ainda tratando disso foi a embaixada, com o Renê Loncan, já que o Paulo Tarso Flecha de Lima havia partido no último voo.

Não arredávamos pé do acampamento. Aquele paradeiro era quebrado somente pelo estrondo do rompimento da barreira do som com os aviões da força aérea iraquiana passando sobre nossas cabeças. E ficava para lá de estranho andar de um ponto a outro num lugar que, dias atrás, estava coalhado de gente e agora se podia ouvir o passo de cada um. Mas era o que nos restava. A repetição de uma rotina massacrante, em que tentávamos dar algum verniz àqueles movimentos. Me lembro que, ali pelas 7 da noite, o Malthus pegava um litro de uísque, separava uns copos e íamos assistir à novela *Pantanal* no estúdio. Nosso passatempo noturno era rever os 68 capítulos da novela gravados numa fita VHS. Cena por cena se repetindo. Nem as emblemáticas paisagens do cenário nem a beleza desconcertante de Cristiana Oliveira, a Juma Marruá, nos seduziam mais.

Nos acomodávamos em uma confortável sala de projeção e a cada dia víamos de dois a três capítulos. Ali tínhamos uma tela maior. A gente via tanto, que até a movimentação da boiada havíamos decorado. Um dos colegas brincava. "Agora, o gado vai virar pra cá. Agora, é pro outro lado...". Havíamos nos tornado íntimos dos personagens. Cada parte dos diálogos dos atores estava na ponta da língua, assim como o que iria acontecer na sequência. Vez por outra, Juma nos hipnotizava, mas logo voltávamos àquela espiral em que havia de tudo, menos surpresas. Da trilha sonora eu decorei todos os acordes – e como as músicas da novela me inspiraram a arriscar algumas notas ao violão, até como uma maneira de fugir daquele vazio.

O que surgia de novidade, para nosso desgosto, era em forma de problema. O frio chegando, as sistemáticas panes na geração de energia iam nos obrigando ao racionamento. Dos dez geradores de energia, oito se encontravam estragados e estavam paralisados. Dos dois que restavam, um parou. Com a ajuda do cozinheiro, troquei a peça, que retiramos de um gerador já danificado. Para piorar, o tratamento da água ficava prejudicado pela escassez de produtos químicos. O que já estava ruim corria o risco de ficar ainda pior.

O BRASIL TE ESPERA, BERILO!

Caminhando para o final de outubro, a gente não se aguentava mais. Eu assumidamente caído, estressado, um poço de preocupação. Falava muito pouco com minha família, eventualmente, com uma de minhas irmãs, a Belkiss. Nada com meu pai ou minha mãe, ainda que a saudade fosse gigantesca e que ouvir a voz deles pudesse me confortar. Não queria preocupá-los. Na verdade, tratamos de blindá-los. Até a ponto de não deixar ver jornal na TV. Sabia que eles estariam temerosos. Do Brasil me contavam, para um aperto a mais em meu coração: "O papai envelheceu dez anos nesse tempo em que você está aí".

Se o chão se abria a nossos pés, se a impressão de termos sido deixados pela estrada só crescia, nos movemos para que a Mendes Júnior não nos tirasse do radar. Era visível que a empresa tinha afrouxado seu empenho. Numa ação estratégica, tanto eu quanto o Malthus Soares fomos cuidando, via Embratel, de manter um contato para que não ficássemos no limbo: "Olha, continuamos por aqui. Olha, aconteceu isso, isso e isso".

Ao mesmo tempo, era como se tivéssemos de apagar o fogo da própria roupa, porque no campo da guerra as notícias não eram nada animadoras. A invasão ao Iraque pelas forças da ONU, formada pela coalizão de 39 países aliados e liderada pelos Estados Unidos, sob o comando do general americano Norman Schwarzkopf, já tinha data marcada: 15 de janeiro de 1991 era o prazo para que o Kuwait fosse desocupado, conforme a Resolução 678 da ONU. Era a "Operação Tempestade no Deserto". Urgentemente, era preciso que nos tirassem dali.

A possível dimensão desse conflito, que reuniria 700 mil soldados contra Saddam Hussein por terra, água e ar só agravava nosso medo. O ditador iraquiano, a seu modo, ensaiava resistência. Enumerava uma sucessão de bravatas, propagando a Guerra do Golfo como a "Mãe de todas as Batalhas". Conseguiu convencer a muitos iraquianos, inocentemente confiantes numa vitória que jamais viria.

COMO UMA TROCA DE REFÉNS

Os nossos contatos com a Mendes foram ganhando tom de desespero e, finalmente, dali surgiu o desenho do que poderia ser nossa salvação: a ideia de "troca de reféns". Foi a própria Mendes quem propôs esse modelo ao governo iraquiano. Com o sim das autoridades, a construtora se mexeu e buscou, entre alguns profissionais que já tinham trabalhado no Iraque, quem se dispusesse a participar dessa troca. Naturalmente, com todas as salvaguardas, a que não se tornassem, também eles, reféns.

Depois de vários arranjos e um clima de expectativa que nos consumia, o alívio – ou o começo dele, porque, naquelas circunstâncias, eu só me sentiria de fato seguro quando colocasse os pés fora do país. Ficou estabelecido que embarcariam duas pessoas para que saíssemos os cinco. Ao lado da empresa, o número dois da embaixada, o Renê Loncan, ajudou muito nessas negociações.

Desde que a Mendes nos informou das conversações, a esperança havia renascido, mas era impossível não pensar: "Qual o maluco virá pra cá?". Eu ficava como um pêndulo, ora com o ânimo no chão, frágil, ora com um otimismo juvenil. Até que surgiu a tal planilha com a lista dos nomes. As datas previstas para embarque e saída passaram a ser o papel mais importante à mesa nos entendimentos com Bagdá. Esses colegas chegando, partiríamos os cinco executivos – eu, Malthus Soares, Márcio Ofano, Márcio Vasconcelos e Gleiber Faria –, que havíamos ficado como "garantia de contrato" e alguns dos voluntários. Pelos nomes apresentados, sabia que aceitariam a missão, mesmo compreendendo o quanto ela era difícil. Foram heróis!

Os nomes passados ao governo foram, ufa!, aprovados e, passo seguinte, era esperar nossos passaportes carimbados. Era mais um degrau na escadaria penosa que teríamos de escalar. Assim, já no início de novembro passamos o restante de nossas documentações às autoridades para a emissão do visto. Eu custava a acreditar. Ao mesmo tempo, nossos heróis no Brasil também obtinham o visto, porém, já com a autorização de saída. Era a garantia de que não viveriam o pesadelo de serem retidos. Foram cinco dias de angustiada espera até termos nossos passaportes devolvidos com o sinal verde. O "grupo de resgate" chegou, entrou, e umas 48 horas depois a papelada parou em nossas mãos. Ter a notícia de que estávamos livres foi como a anestesia para uma dor prolongada e antes desassistida. Cada um reagiu de uma forma. Eu olhava para o carimbo e pensava em como havia sido duro conquistá-lo, os olhos turvando. Quanta história. Quanto sentimento.

Mais do que na memória, levo no coração os nomes dos que nos substituiriam. Um deles é o Luiz Alberto Pozzobon, que foi diretor-geral no período anterior ao Malthus Soares. O outro, Gilberto Cabral da Cunha, havia morado no Iraque por muito tempo, falava árabe. A função dele era no telex. Um grande amigo até hoje. Estudou engenharia, mas não chegou a se formar. Eu levaria o Gilberto por vários países onde trabalhei posteriormente, como Bolívia, Nicarágua e Chile.

Iriam dois outros voluntários posteriormente, permanecendo somente o Gilberto. Desses novos, um era um engenheiro indiano, o Abbasali Messania, representante da Mendes. Tinha circulação livre, podendo entrar e sair quando quisesse. O Nilton Marchetti, engenheiro muito competente da área de projetos, de ótimo trânsito com os iraquianos, também foi nessa segunda leva. Substituiria o Pozzobon. O Gilberto, que ficou, como diríamos, para apagar a luz, só sairia junto com os diplomatas, como o Renê Loncan, já nos dias do início do bombardeio da coalizão, fugindo pela Turquia. Deixou o Iraque literalmente fugido.

DEPOIS DE NEGOCIAR A 'TROCA' DE REFÉNS, O IRAQUE AUTORIZOU MINHA SAÍDA: DO DRAMA À ESPERANÇA

RUMO À SAÍDA, MAS EM CALAFRIOS

Que noites longas aquelas últimas. Mas, acreditem, ainda tivemos a coragem de fazer uma viagem a Bagdá, para uma despedida. Começávamos, pouco a pouco, a nos desplugar. Serviria também para que os assumidamente consumistas comprassem mais alguns tapetes e relíquias. Não era o meu caso. Eu só pensava em voltar. Não comprei nem um item sequer. Na capital o que se via era uma verdadeira debandada, com os voos já restituídos depois de um longo período de interrupção.

Nessa visita de adeus, o Malthus, o Gleiber e o Márcio Vasconcelos fizeram várias compras, principalmente tapetes. E eu alertava, ao retornarem ao alojamento: "Ó, vocês estão se entulhando de bagagem e a gente tá saindo daqui praticamente fugido. Não vou ajudar ninguém a arrastar malas por aí. Estão malucos com esse tantão de coisas?". Eles tinham, no mínimo, três cada um.

Eu só era capaz de pensar no Brasil. Como não comprei nada, fiz uma mala simples, grande, mas com pouquíssimas roupas. Separei também o violão japonês que eu tinha comprado em meu começo de obra, do Ricardo Vinagre. Deixei muita coisa para trás. Blusa de frio, as jaquetas mais pesadas, cueca, meia, moletom. Não embarquei com nada de souvenir. O que tenho eu havia trazido nas vezes anteriores. Tapetes, punhais, papel de arroz, do tipo egípcio.

Nosso voo de volta estava marcado para um horário noturno, a partir de Bagdá. Mesmo com os estrangeiros então autorizados a sair, o clima de apreensão era grande, ainda que menos acentuado.

Na noite anterior à partida, chorei – e chorei muito. Tremendamente emocionado. Fardos e fardos haviam sido retirados de nossos ombros. Com certa melancolia, mas a certeza de que tinha feito meu trabalho e dado o meu melhor, pensava em como aguentamos tudo aquilo. O pesadelo, agora, tinha hora para terminar.

No último dia, fiz questão de percorrer área por área do acampamento. Pela manhã, me despedi daqueles que ficariam, nossos heróis, e daqueles da turma de apoio, que, muito provavelmente, nunca mais veria em minha vida. Olhei fixamente as casas, os galpões, oficinas, fui ao escritório, ao clube. Era um adeus definitivo. Experimentava ali uma dose generosa de alívio que transbordava, mas ainda tenso, extenuado, neurótico (ah, como o som dos geradores me perseguiria…). Por outro lado, havia uma brisa de serenidade me visitando. Eu mirava e repetia: "Vou embora. Nunca mais piso aqui. Nunca mais. Não vou nem olhar pra trás".

CONSTRUTORA MENDES JUNIOR S.A.

Belo Horizonte, outubro de 1990.

J. Murillo Valle Mendes
Presidente

Sr. Berilo Torres
Mendes Junior International Company
Iraque

Em meu nome e em nome de todas as empresas do Grupo Mendes Junior expresso nosso reconhecimento e consideração pela sua atitude, que muito contribuiu para possibilitar que a maioria dos seus colegas pudesse retornar logo ao Brasil.

Quero afirmar que todo o empenho empregado até agora continuará sendo utilizado por nós da Mendes Junior, até que todos vocês possam estar de volta a seus lares desfrutando do convívio dos seus.

Acrescento, ao finalizar, meu respeito pessoal e meus elogios ao bom trabalho que vem sendo feito.

Atenciosamente

Com o maior apreço o meu abraço

O AGRADECIMENTO FORMAL DO ENTÃO PRESIDENTE DA MENDES JÚNIOR, MURILLO MENDES

PAULO TARSO FLECHA DE LIMA
Embaixada do Brasil
54 Mount Street
London W1Y 5RE

Londres, 2 de Agosto de 1991.

Berilo Torres
Rua Mestre Lucas, 157/302 Cruzeiro
30310 Belo Horizonte, MG

Caro Berilo Torres,

    Há exatamente um ano o Iraque invadia o Kuaite e iniciava-se a crise que culminou com a chamada Guerra do Golfo. Neste momento, não posso deixar de pensar em você e todos os companheiros que estavam em Bagdá naqueles meses tão difíceis.

    Todos nós que lá estávamos naquela época vivemos momentos muito angustiantes e cheios de incertezas. Nossos familiares, em nossa querida Minas Gerais, compartilhavam de nossa aflição e anseavam pelo momento em que poderiam nos receber, são e salvos, em nossa terra. Felizmente tudo saiu bem e foi possível regressar à pátria e ao convívio com os nossos.

    Ando pensando em talvez escrever um livro contando toda a nossa epopéia. Tenho pedido a amigos que estavam em Bagdá que me contem por carta, fita cassete ou por outro meio, um pouco do que eles se lembram daqueles dias, suas sensações, tristezas, alegrias. Esse testemunho seria muito importante não só para que eu pudesse rememorar com clareza os acontecimentos, mas também rechear meu relato com depoimentos reais das pessoas que viveram o problema.

    Caso o caro amigo possa encontrar um tempo para me mandar o seu próprio depoimento, ficarei muito grato.

    É com emoção e afeto que me despeço nesta data,

> nhavam em Bagdá, no mesmo momento, gestões semelhantes, só a missão chefiada por Flecha de Lima teve êxito. O embaixador conseguiu tirar os brasileiros da zona conflagrada sem desrespeitar as resoluções da ONU e, triunfo final, ainda mantendo boas relações com o governo de Saddam Hussein. Dentro do próprio governo brasileiro, havia quem resistisse em entregar a chefia da missão no Iraque a Flecha de Lima. Mesmo quando o embaixador já estava em Bagdá, esses setores se encarregavam de atacá-lo na surdina. A emocionada recepção popular aos brasileiros na tarde de segunda-feira passada, no Aeroporto de Brasília, serviu para demonstrar de maneira cabal quem estava com a razão, no governo e fora dele, quanto ao talento de Flecha de Lima. Aos 57 anos, ele é um diplomata nato, com uma carreira reluzente no Ministério das Relações Exteriores. Aos 21 anos já estava na carreira e aos 23 trabalhava com o presidente Juscelino Kubitschek no Palácio do Catete. Em 1984, quando Tancredo Neves montava o governo, ofereceu ao diplomata o governo do Distrito Federal, a presidência do Instituto Brasileiro do Café ou a chefia do Gabinete Civil. Flecha de Lima preferiu continuar diplomata, assumindo a Secretaria Geral do Itamaraty. Na quarta-feira passada, antes de voltar a Londres, Flecha de Lima recebeu VEJA para contar detalhes das negociações em Bagdá.
>
> **"Não havia nenhuma Ingrid Bergman a ser salva nem um Bogart como herói, mas a história da missão daria um bom livro"**
>
> 255 brasileiros de volta, as relações Brasil-Iraque mantidas em boa forma e, o mais importante, a prova de que a diplomacia do Brasil tem condições de dar segurança e proteção aos brasileiros mesmo a 20 000 quilômetros de casa.
>
> **VEJA** — *Por que o senhor foi escalado para essa missão?*
> **FLECHA DE LIMA** — Recebi um telefonema do secretário-geral do Itamaraty, embaixador Marcos Azambuja, e outro do José Nogueira Filho, chefe de gabinete do ministro Francisco Rezek. Dias antes, o próprio ministro me telefonou para saber impressões minhas sobre o perfil de algumas autoridades iraquianas. Até então, minha participação no caso se resumia ao envio de relatórios sobre como o governo britânico se comportava diante da crise no Golfo. Ficou claro que o Brasil precisava de uma missão em Bagdá para negociar a saída dos brasileiros. Não esperava, contudo, chefiá-la. Ao ser escolhido, fiz as malas e rumei para o Iraque com apenas uma certeza — traba-
>
> **VEJA** — *Há alguma relação entre as negociações de que o senhor participou no Iraque e algum filme a que tenha assistido?*
> **FLECHA DE LIMA** — Pelo tema, a luta pela concessão de vistos, o que passamos no Iraque lembra o filme *Casablanca*. Infelizmente, não encontrei nenhum Sam, o pianista do bar do Rick. Também não havia nenhuma Ingrid Bergman a ser salva e tampouco um Humphrey Bogart
>
> VEJA, 17 DE OUTUBRO, 1990

O EMBAIXADOR PAULO TARSO EM DOIS MOMENTOS: AO ME AGRADECER E EM ENTREVISTA À VEJA

Parei na portaria principal. Lá estavam hasteadas as bandeiras do Brasil, a do Iraque e a da empresa. Retirei, então, nossa bandeira, bastante judiada pelo vento, desgastada. Simbolicamente, como nós. Eu a recolhi e, exatamente como eu havia aprendido nos velhos tempos de Exército, a dobrei com carinho. Foi como se eu me inundasse de pátria. Trouxe comigo na bagagem e permanece guardada até hoje. Uma relíquia e tanto. Eu a preservo como o maior souvenir daquela história.

Naquele 6 de novembro, logo após o almoço, saímos rumo a Bagdá. Éramos os cinco executivos mais três dos seis voluntários de apoio. Pode parecer estranho, mas a gente não estava vibrando. Acho que me via meio catatônico. Nem na ida rumo ao aeroporto me descontraí. A turma insistindo para que eu tocasse violão e cantasse no ônibus. Mas não consegui tocar nada. Pelo menos por ora, não havia clima. Da capital tomaríamos o voo fretado da Iraqi Airways para retirada de reféns até Amã, na Jordânia. Aquele período tinha sido uma eternidade. Desde a invasão do Kuwait, seriam 97 dias de cativeiro.

Minha mãe, meu pai, meus irmãos e irmãs sabiam que eu estava por deixar o Iraque. Eu alucinado para poder voltar a falar com eles. Mas preferi esperar um momento mais seguro. A partir da saída do acampamento, era como se tivéssemos ficado incomunicáveis. Foi quase um dia nesse trânsito. Só entre o aeroporto e Amã seriam talvez umas 15 horas. O terminal numa balbúrdia imensa, assustadora. Levas e levas de egípcios espalhados pelo saguão, muitos deitados no chão. E, claro, militares por todos os pontos.

Persistia o temor de que algo trágico ocorresse. O medo era tão grande, que eu simplesmente não conseguia desarmar o espírito. Havia histórias de ataques a grupos na região da área aeroportuária.

Até finalmente embarcarmos, o coração estava aos pulos. A alfândega, o exame dos passaportes. O policial requisitando os documentos, agrupados aos dos companheiros, e me batia o temor de ter de repassar o passaporte e não o ver devolvido. O agente conferindo item por item, eu engolia seco. Dez minutos que pareceram infinitos. Deram o sinal positivo, carimbaram e logo estaríamos dentro do avião. Mas não pensem que por isso eu estaria tranquilo. Para que bombardeassem uma aeronave por lá não custaria.

Fui ainda uma pilha de nervos em direção a Amã. Uma pequena vitória na decolagem, uma pequena vitória na estabilização no ar, um triunfo quase se completando ao se aproximarem as luzes que indicavam o aeroporto da capital jordaniana. O pouso pela madrugada, o dia já amanhecendo, e logo nos deparamos com o aeroporto tomado pelo Exército. Como me acalmar? O Ofano em estado pior que o meu. Daqueles de suar e esfregar a mão de preocupação. O Malthus e o Gleiber, por outro lado, já cantarolavam. Eles nem seguiriam diretamente para o Brasil. Iriam para Miami, onde se encontrariam com as famílias. Queriam me arrastar junto de qualquer jeito. Eu só pude rir, agradecer, mas recusar o convite: "Não, não. Eu quero é o Brasil. Vou é para o Brasil".

E o Malthus, o Gleiber e o Márcio Vasconcelos com as malas gordas de tapetes, eu – que havia prometido deixá-los sofrer sozinhos – acabei me vendo obrigado a ajudar. Era preciso percorrer uma distância razoável. Só ao deixar o aeroporto eu consegui começar a relaxar. Ficamos até o dia seguinte em Amã. Eu, que ansiava por liberdade, preferi permanecer todo o tempo no hotel na região central. Acho que, inconscientemente, visto como um casulo, uma cápsula protetora.

"MÃE, EU ESCAPEI!"

Ao chegar ao quarto do hotel na capital jordaniana, instantaneamente tratei de ligar para meu pai e minha mãe. Foi uma emoção avassaladora. Eles choravam de um lado, eu do outro. Me veio a sensação de que agora, sim, tinha superado tudo aquilo. Me recordo com perfeição as primeiras palavras para minha mãe, que tinha atendido o telefone. Eu com a voz trêmula: "Mãe, eu escapei. Graças a Deus, estou livre. Tô voltando pra me reencontrar com vocês".

Na manhã seguinte, eu tomaria o voo da Lufthansa em Amã, passando por Frankfurt, e dali em direção ao Brasil. Em meio a todo aquele turbilhão, eu não tinha planejado nenhum roteiro sobre meu retorno.

Sabia que iria à minha terra, Bambuí, rever meus pais. Mais nada. Combinei com minha ex-mulher, Maria, que ficaria à minha espera no Galeão, no Rio de Janeiro.

Do alto, rever os contornos da Cidade Maravilhosa era como um presente. Eu não me cabia em emoção. Dormimos no hotel do próprio aeroporto e a ânsia nem me permitiu ficar por mais uns dias na capital carioca, como sugeria a Maria. O convite era tentador. Mas eu tinha outras certezas. "Quero ver minha família o quanto antes". A ideia, indo para Minas, era botar a cabeça no lugar. Serenar. Cheguei a Confins, havia uns dez parentes por lá. Foi uma festa! Mas nada de faixas ou cartazes. A turma gritava, batia palmas. Eu me sentindo iluminado. Ainda que meio confuso, ao avesso com o fuso horário, um contentamento menino percorria todos meus poros. Minha irmã, a Belkiss, era quem mais chorava. "Ai... você chegou". Me abraçava apertado. Choramos juntos. Como eu tinha pedido que não espalhassem a informação, porque era um momento família, não havia imprensa.

DEPOIS DE 97 DIAS DE CATIVEIRO, FINALMENTE DE VOLTA A BELO HORIZONTE

A BANDEIRA RECOLHIDA NA PORTA DO ACAMPAMENTO NO IRAQUE: GUARDADA COMO UMA VERDADEIRA RELÍQUIA

Fui dali para a casa da Belkiss, no bairro Anchieta, região Centro-Sul de Belo Horizonte. Tudo parecia novo. Tudo parecia recomeço. Fiquei uns dois dias como hóspede, contando e recontando casos. Do Iraque e do Brasil. Quem se casou? Quem não se casou? Quem nasceu? Quem morreu? E nessa simbologia de laço afetivo gastronômico, acho que na primeira noite, tive uma vontade imensa de comer um sanduíche que eu adorava. Era de um trailer do Breik Breik, na avenida Nossa Senhora do Carmo, no vizinho bairro Sion. Eu ali, saboreando, escapava por uma fração de segundos, com o olhar no vazio, até que alguém me tocasse ou chamasse meu nome para eu sentir que aquilo era real.

Nesse meio tempo, liguei e recebi telefonemas de uma dezena de amigos. Uma curiosidade sem tamanho, para que eu contasse detalhe por detalhe, como se houvesse retornado de Marte. E fomos preparando o terreno para que revisse pai, mãe, outros familiares e gente do peito em Bambuí, minha terra natal. No final de semana, reunimos quase toda a parentada por lá. Que festança. Minha mãe, numa alegria desmedida, como meu pai, meus irmãos, me abraçava, chorava, abraçava de novo. Ela fez uma comida especial, que eu amava. Era uma receita que conservava como segredo de família. Um purê de couve-flor. Eu merecia, né?

COMO O SOL, EU ME REERGUI

Ainda que agora seguro, em meu chão, eu continuava meio fora do prumo, passado. Dormindo e despertando do nada no meio da madrugada, esperando o maldito barulho do gerador, que não vinha. Ou me assombrando com o controle sobre o estoque de alimentos. Eu demoraria a me livrar desses ecos. Levei uns seis meses para conseguir me desconectar do Iraque. E na expectativa do que iria acontecer com o país e sua gente na Guerra do Golfo.

À Mendes eu fui uns dez dias depois de minha chegada. Mais adiante, reivindicamos uma parte do que ficou a ser acertado por termos alcançado metas na obra da Express Way, com tudo rigorosamente medido. Era previsto no contrato, mas o doutor Jefferson Eustáquio, diretor da área internacional, alegava que não tínhamos feito nada além de nossa obrigação. "Não tem nada não. Só a cartinha de agradecimento do doutor Murillo Mendes".

Irritado, fui tomar uma cerveja com um amigo da construtora. E ele avaliava que o momento era de partir para outra: "Quer saber? Cai fora". Um pouco mais à frente, eu ainda na Mendes, fui à Bolívia ver uma possibilidade de trabalho. E acabei me despedindo da empresa uns dois meses depois, no início de janeiro.

Eu já morando na Bolívia, uns dois anos depois, curiosamente trabalhando de novo para a Mendes Júnior, me chega um formulário enviado pelo Márcio Vasconcelos, que havia sido responsável pelo setor jurídico da construtora, mencionando uma indenização da ONU, cobrada ao governo do Iraque por aqueles que haviam se tornado reféns. Reuni a documentação, direcionei à área de diplomacia e recebi US$ 8 mil. Era, sabe-se lá por qual métrica, o valor de 97 dias de cativeiro.

Não se tratava de ganhar um naco por conta da tragédia, mas de buscar a mínima reparação a quem tinha sido privado de sua liberdade. A quem se tornara um dos reféns brasileiros em poder de Saddam Hussein. Saddam, como se sabe, sucumbiu aos quase 40 dias de bombardeios da força de coalizão entre janeiro e fevereiro de 1991 e se viu obrigado a retirar suas tropas do Kuwait, com baixas que ficaram entre 150 mil e 200 mil iraquianos. Permaneceu no poder até 2003, quando o país foi invadido pelos norte-americanos, num desdobramento das respostas ao 11 de setembro, fugiu, acabou capturado, julgado, sentenciado e morto por enforcamento em 2006.

Eu segui minha vida molhando os pés nas mesmas águas que haviam levado aquele menino sonhador ao Iraque: o amor incondicional à engenharia, a sede de aprender, a coragem de encontrar o novo. As experiências posteriores na Bolívia, em que testemunharia golpes de estado em série, ou mesmo na Colômbia, onde o sequestro de nossos executivos pela guerrilha nos mergulharia numa microssucursal do inferno (assuntos para outras histórias), poderiam até sugerir que gosto de viver perigosamente. Qual nada, nenhuma vocação em abraçar riscos assim. Na dúvida, volto àquela tarde de deserto no Iraque em que relutei (e quem jamais relutou?) e busco sempre forças para compreender, como compreendi ali, que o sol que se põe é o mesmo sol que se levanta. Essa é minha inspiração.

FOTO Marcelo Prates

Mineiro de Virgem da Lapa, Vale do Jequitinhonha, onde nasceu em 1963, Eduardo Murta é também jornalista com passagem pelos jornais Diário de Minas, Hoje em Dia, Folha de S. Paulo e Estado de Minas, além da revista Veja. É autor de Tantas Histórias, pessoas tantas (contos, 2006), Galo – Uma paixão centenária (2007), Minhas condolências à Senhora Vera (contos, 2010), Os dez mais do Atlético Mineiro (2012), Minha palavra (biografia, 2012), Um brinde ao tempo (biografia, 2017), De tudo que eu vi (biografia, 2018)